遇事找法

公民法律援助一站式法律指引

陈彦艳 房树映 张雅棋 / 编著

中国法制出版社
CHINA LEGAL PUBLISHING HOUSE

出版说明

遇到法律纠纷怎么办？这是每个人在生活中必须面对的问题。在我国，人们的社会联系广泛，上下级、亲戚朋友、老战友、老同事、老同学关系比较融洽，逢事喜欢讲个熟门熟道，但如果人情介入了法律和权力领域，就会带来问题，甚至带来严重问题。

《全国人民代表大会常务委员会关于开展第八个五年法治宣传教育的决议》要求"加大普法力度，完善预防性法律制度，推动形成办事依法、遇事找法、解决问题用法、化解矛盾靠法的法治环境。""八五"法治宣传教育的重要目标在于引导群众遇事找法、解决问题靠法，改变社会上那种"遇事找人不找法"的现象。

公正善良之法、有法可依是"遇事找法"的前提和保证。"一切法律中最重要的法律，既不是刻在大理石上，也不是刻在铜表上，而是铭刻在公民的内心里。"法律应当成为人们的信仰，让人们相信法不阿贵，绳不挠曲，让人们相信合理合法的诉求能够得到及时公正的实现。截至2023年10月，我国现行有效的法律共有299件。经过长期努力，中国特色社会主义法律体系已经形成，在社会生活各方面总体上实现了有法可依。

对于普通老百姓而言，在讨说法、打官司、谈条件之前，首先要知道自己遇到的事属于哪一类、法律是如何规定的。为了帮助遇事犯难的人们解决难题，引导人民群众办事依法、遇事找法、解决问题用法、化解矛盾靠法，我们以常见纠纷类型为依托，组织编写了本套遇事找法丛书。

本丛书以最贴近百姓生活的常见法律问题为目录，方便读者以最快捷的方式查找到自己最关心的问题。设置四大板块：遇事、说法、找法、举一反三。

【遇事】板块收录了各类纠纷的生活化小案例，方便读者对号入座，从案例中找到共鸣。

【说法】板块旨在用最简洁的话语告诉读者最可行的纠纷解决办法和最可能的纠纷处理结果。

【找法】板块附上了与"事"对应的相关法律法规、司法解释的规定，方便读者及时查阅。

【举一反三】板块旨在帮助读者通过一个问题类推出同类型纠纷的解决方法。

本丛书的宗旨：让您读得懂、传得开、用得上，遇事不慌不犯难，助您最便捷地解决法律纠纷。

目　录

一、法律援助

1. 申请法律援助时，经济困难如何认定？ ……………………… 003
2. 以欺骗手段获取法律援助的，应承担哪些法律责任？ ……… 006

二、民事法律援助

3. 对人身损害中的侵权人能否给予法律援助？ ………………… 011
4. 因邻里纠纷能否申请法律援助？ ……………………………… 014
5. 民间借贷纠纷能否申请法律援助？ …………………………… 017
6. 遭遇交通事故时，当事人如何寻求法律援助？ ……………… 020
7. 英雄烈士遭诋毁，英雄烈士的近亲属如何寻求法律援助？ … 023
8. 农民遭遇合同纠纷能否申请法律援助？ ……………………… 026
9. 遭遇环境污染损害时，受害人如何寻求法律援助？ ………… 029
10. 公民遇到食品安全问题能否申请法律援助？ ………………… 032
11. 农民工讨薪如何获得法律援助？ ……………………………… 035
12. 因高度危险作业遭受损害，受害人如何获得法律援助？ …… 039

三、行政法律援助

13. 公民因请求社会保险待遇引发行政诉讼能否获得法律援助? ……045
14. 因行政不作为请求国家赔偿,当事人如何申请法律援助? ……048

四、刑事法律援助

15. 刑事案件中的被告人因经济困难是否可以申请法律援助? ……053
16. 犯罪嫌疑人或者被告人是聋哑人的,司法机关是否应当为其提供法律援助? ……056
17. 被告人为精神病人,司法机关是否应当为其提供法律援助? ……060
18. 法院是否应为没有委托辩护人的缺席审判的被告人指定辩护人? ……063
19. 法院依职权提供法律援助是否以被告人没有委托辩护人为前提? ……066
20. 刑事自诉案件的自诉人能否申请法律援助? ……069
21. 刑事公诉案件的被害人能否申请法律援助? ……072
22. 值班律师是否应当为犯罪嫌疑人或者被告人提供法律援助? ……075
23. 犯罪嫌疑人或者被告人可以拒绝法律援助机构指派的律师吗? ……078
24. 被告人没有委托辩护人,其近亲属能否为其申请法律援助? ……081
25. 再审改判无罪后,当事人如何获得法律援助? ……084
26. 死刑复核案件的被告人能否申请法律援助? ……087
27. 被告人可能被判处死刑的,司法机关是否应当提供法律援助? ……090

五、军人、退役军人、军属法律援助

28. 现役军人因房屋买卖发生纠纷能否申请法律援助? ……095
29. 退役军人为维护权益如何申请法律援助? ……098
30. 现役军人家属为维护权益能否获得法律援助? ……101

六、妇女法律援助

31. 妇女在遭受家庭暴力时，如何获得法律援助？ ……………… 107
32. 非婚同居期间遭受暴力，妇女如何获得法律援助？ ………… 111
33. 在孕期被调岗劝退，女职工如何获得法律援助？ …………… 114
34. 劳动合同限制女职工生育，女职工如何获得法律援助？ …… 119
35. 女职工被拖欠劳动报酬，如何获得法律援助？ ……………… 124
36. 丈夫拒绝履行扶养义务，妻子如何获得法律援助？ ………… 127
37. 农村妇女离婚后请求返还个人承包土地的，能否申请法律援助？ … 130
38. 外嫁妇女土地权益受侵害的，如何获得法律援助？ ………… 133
39. 女性妊娠时遭受医疗损害的，如何获得法律援助？ ………… 137

七、未成年人法律援助

40. 未成年人追索抚养费的，如何获得法律援助？ ……………… 143
41. 未成年人在遭受虐待时，如何获得法律援助？ ……………… 146
42. 监护人利用未成年人乞讨的，未成年人如何获得法律援助？ … 149
43. 未成年人遭受校园欺凌的，如何获得法律援助？ …………… 152
44. 未成年人在请求支付劳动报酬时，如何获得法律援助？ …… 155
45. 未成年人违法犯罪的，如何获得法律援助？ ………………… 158

八、老年人法律援助

46. 老年人为追索赡养费的，如何申请法律援助？ ……………… 163
47. 老年人遭遇家暴的，如何申请法律援助？ …………………… 166
48. 老年人意欲变更监护人的，能否申请法律援助？ …………… 169
49. 老年人请求支付劳动报酬的，能否申请法律援助？ ………… 172
50. 无固定生活来源的老年人在申请法律援助时是否需要审查经济情况？ … 175
51. 老年人能否为他人代为申请法律援助？ ……………………… 178

52. 老人因房屋继承引发纠纷的，能否申请法律援助? ······ 181
53. 老人为解除收养关系的，能否申请法律援助? ······ 184

九、残疾人法律援助

54. 残疾人因离婚引发纠纷的，能否申请法律援助? ······ 189
55. 残疾人因医疗引发纠纷的，能否申请法律援助? ······ 192
56. 残疾人因劳动权益引发纠纷的，能否申请法律援助? ······ 195
57. 残疾人申请恢复低保待遇，能否申请法律援助? ······ 198
58. 残疾人因相邻权引发纠纷的，能否申请法律援助? ······ 201
59. 残疾人遭遇继承问题时，如何申请法律援助? ······ 204
60. 残疾人因免费乘车权益引发纠纷的，能否申请法律援助? ······ 207
61. 残疾人因房屋租赁引发纠纷的，能否申请法律援助? ······ 210
62. 残疾人因康复器具引发纠纷的，能否申请法律援助? ······ 213
63. 残疾人因人格权引发纠纷的，能否申请法律援助? ······ 216

附录一：各省、自治区、直辖市及新疆生产建设兵团经济困难认定标准 ······ 219

附录二：法律援助导图 ······ 224

一

法律援助

一、法律援助

1 申请法律援助时，经济困难如何认定？

遇事

王某（女）系某公司职员，2021年12月，王某在公司组织的年会上表演舞蹈节目时不慎摔下舞台，后被送往医院治疗。公司为王某垫付了1万元医疗费。经鉴定，王某的伤情为9级伤残。王某向公司主张工伤赔偿时，公司却声称年会是公司组织的娱乐活动，王某表演节目受伤不属于工伤的范围，拒绝赔偿，并要求王某返还垫付的1万元医疗费。王某多次打电话与公司经理理论，公司一直拒绝赔偿，最后甚至辞退了王某。王某刚从大学毕业，自己在城市中打拼，没有什么存款，但王某的家庭条件较好，其父母都有稳定的工作，收入较高。王某想要通过法律手段追索工伤赔偿，不知道自己这样的条件能否获得法律援助？

说法

根据《工伤保险条例》第1条和第2条的规定，工伤保险是用人单位必须为本单位职工缴纳的社会保险，旨在保障因工作遭受事故伤害或者患职业病的职工获得医疗救治和经济补偿。《法律援助法》第31条规定，请求工伤事故人身损害赔偿的案件，当事人因经济困难没有委托代理人的，可以申请法律援助。可见，请求工伤赔偿属于法律援助的范围，但同时受援人还需要具备经济困难这一条件。《法律援助法》所指的"经济困难"是指家庭经济困难，即申请人及与其共同生活的家庭成员的人均收入符合当地法律援助的"经济困难"标准。本案中，王某刚刚大学毕业，并未独立成家，户籍仍然与父母在一起，虽然其个人因失去工作导致经济状况不佳，但其父母收入较高，家庭经济条件较好，不符合法律援助的经济困难的条件，因此不能获得法律援助。

找法

《法律援助法》

第二十三条　法律援助机构应当通过服务窗口、电话、网络等多种方式提供法律咨询服务；提示当事人享有依法申请法律援助的权利，并告知申请法律援助的条件和程序。

第三十一条　下列事项的当事人，因经济困难没有委托代理人的，可以向法律援助机构申请法律援助：

（一）依法请求国家赔偿；

（二）请求给予社会保险待遇或者社会救助；

（三）请求发给抚恤金；

（四）请求给付赡养费、抚养费、扶养费；

（五）请求确认劳动关系或者支付劳动报酬；

（六）请求认定公民无民事行为能力或者限制民事行为能力；

（七）请求工伤事故、交通事故、食品药品安全事故、医疗事故人身损害赔偿；

（八）请求环境污染、生态破坏损害赔偿；

（九）法律、法规、规章规定的其他情形。

第四十一条　因经济困难申请法律援助的，申请人应当如实说明经济困难状况。

法律援助机构核查申请人的经济困难状况，可以通过信息共享查询，或者由申请人进行个人诚信承诺。

法律援助机构开展核查工作，有关部门、单位、村民委员会、居民委员会和个人应当予以配合。

《工伤保险条例》

第一条　为了保障因工作遭受事故伤害或者患职业病的职工获得医疗救

治和经济补偿,促进工伤预防和职业康复,分散用人单位的工伤风险,制定本条例。

第二条第一款 中华人民共和国境内的企业、事业单位、社会团体、民办非企业单位、基金会、律师事务所、会计师事务所等组织和有雇工的个体工商户(以下称用人单位)应当依照本条例规定参加工伤保险,为本单位全部职工或者雇工(以下称职工)缴纳工伤保险费。

举一反三

> 法律援助的"经济困难"是以申请人及与其共同生活的家庭成员的人均收入为判断标准的,但是如果申请的对方当事人为共同生活的家庭成员的,那么"经济困难"则以申请人的个人收入为依据进行判断。例如,在婚姻、继承、家庭暴力、虐待、遗弃等家庭成员之间的纠纷中,应以申请人的经济状况判断其是否符合"经济困难"条件。此外,"经济困难"的实质标准还需要根据各省、自治区、直辖市法律援助条例予以认定。

② 以欺骗手段获取法律援助的，应承担哪些法律责任？

遇事

2021年7月，某村村民李某计划重新修建自家的房屋。李某为了节省些钱用来装修，租了一辆铲车打算自己拆房。拆房当天，李某叫来了堂弟李二帮忙。李某技术生疏，在拆房时没有注意到李二的位置，导致其被掉落的砖块砸倒，当场晕了过去。李某急忙打了120将李二送往医院，经诊断，李二脊椎断裂，为十级伤残。李某将李二送往医院后，害怕承担责任，再也没有去医院探望过李二，并表示自己开铲车时李二突然凑近房屋，才会被掉落的砖块砸到，自己并没有过错。李某将李二一家人的联系方式全部拉黑，李二的妻子张某去李某家协商也被赶了出去。无奈之下，张某打算起诉李某，索要赔偿。李二受伤后花费了高额的医疗费，张某希望能节省请律师的费用，但李二、张某均有正式工作，儿子小李大学毕业后考入县税务局，家庭收入不符合法律援助经济困难的条件。张某回家后思来想去，伪造了一份经济困难的证明材料，并且编造了家庭经济情况，最终获得了法律援助。对于张某的行为，法律援助机关应当如何处理？

说法

法律援助作为公共法律服务中无偿性、公益性的法律服务，针对的对象只能是有法律服务需求的经济困难又没有委托代理人、辩护人的或者法律规定的特定公民。换言之，只有符合法律规定条件的公民，才能够享受国家提供的公益法律服务资源。为了保障公益法律服务能够配置给最需要的人，《法律援助法》第48条第1款第1项规定，"受援人以欺骗或者其他不正当手段获得法律援助"的，法律援助机构可以作出终止法律援助的决定。该法第64条

一、法律援助

对以欺骗手段获得法律援助的行为规定了相应的处罚手段,即"司法行政部门责令其支付已实施法律援助的费用,并处三千元以下罚款"。本案中,因张某向县法律援助中心提交了伪造的经济困难证明以及家庭情况说明,而获得了法律援助。如果法律援助中心在向张某所在的社区居委会核实情况时发现欺骗事实,应当终止对张某及李二的法律援助,可以根据已经实施的法律援助情况,请求司法行政部门责令张某支付实施法律援助的费用并作出罚款决定。

找法

《法律援助法》

第四十一条 因经济困难申请法律援助的,申请人应当如实说明经济困难状况。

法律援助机构核查申请人的经济困难状况,可以通过信息共享查询,或者由申请人进行个人诚信承诺。

法律援助机构开展核查工作,有关部门、单位、村民委员会、居民委员会和个人应当予以配合。

第四十八条 有下列情形之一的,法律援助机构应当作出终止法律援助的决定:

(一)受援人以欺骗或者其他不正当手段获得法律援助;

(二)受援人故意隐瞒与案件有关的重要事实或者提供虚假证据;

(三)受援人利用法律援助从事违法活动;

(四)受援人的经济状况发生变化,不再符合法律援助条件;

(五)案件终止审理或者已经被撤销;

(六)受援人自行委托律师或者其他代理人;

(七)受援人有正当理由要求终止法律援助;

(八)法律法规规定的其他情形。

法律援助人员发现有前款规定情形的,应当及时向法律援助机构报告。

第六十四条 受援人以欺骗或者其他不正当手段获得法律援助的,由司法行政部门责令其支付已实施法律援助的费用,并处三千元以下罚款。

举一反三

为了及时给予当事人帮助,《法律援助法》规定,申请人应"如实说明经济困难状况",实行个人信息承诺。这要求当事人在申请法律援助时应当如实说明自己的经济状况,不能作虚假陈述以骗取法律援助,否则一经发现,会被终止已经提供的法律援助,当事人还应当承担法律责任。当然,法律也赋予了当事人一定的救济途径,法律援助机构决定不予援助或者终止援助的,申请人、受援人如果有异议,可以向设立该法律援助机构的司法行政部门提出。司法行政部门应当自收到异议之日起5日内进行审查,作出维持法律援助机构决定或者责令法律援助机构改正的决定。申请人、受援人对司法行政部门维持法律援助机构决定不服的,可以依法申请行政复议或者提起行政诉讼。

二

民事法律援助

二、民事法律援助

③ 对人身损害中的侵权人能否给予法律援助？

遇事

扫一扫，听案情

不好意思，我没停好车，我赔您500元，行吗？

太少了！你得赔我们5000元！

我把人打伤了，能否申请法律援助？

法律援助中心

011

说法

根据本案案情，法律援助机构不能给予司某某法律援助。这主要是因为：一方面，虽然《法律援助法》第31条第7项规定了请求人身损害赔偿的事项，但是仅限于"请求工伤事故、交通事故、食品药品安全事故、医疗事故人身损害赔偿"，另外，遭受虐待、遗弃或者家庭暴力的受害人主张相关权益，当事人申请法律援助的，不受经济困难条件的限制。部分省、自治区、直辖市扩展援助范围至人身伤害的，也仅仅是针对老年人、残疾人、妇女或者未成年人等特殊主体。另外，从《法律援助法》的规定可以看出，因人身损害申请法律援助的申请人应当是被侵权人，而不是侵权人（正当防卫、紧急避险的除外）。本案中的司某某将吴某打伤，申请法律援助帮助其不承担或者少承担赔偿责任，不在法律援助范畴内，也不符合法律援助的精神实质。另一方面，司某某每月收入4000元，不符合法律援助经济困难的条件。因此，不能给予司某某法律援助。

找法

《法律援助法》

第三十一条 下列事项的当事人，因经济困难没有委托代理人的，可以向法律援助机构申请法律援助：

（一）依法请求国家赔偿；

（二）请求给予社会保险待遇或者社会救助；

（三）请求发给抚恤金；

（四）请求给付赡养费、抚养费、扶养费；

（五）请求确认劳动关系或者支付劳动报酬；

（六）请求认定公民无民事行为能力或者限制民事行为能力；

（七）请求工伤事故、交通事故、食品药品安全事故、医疗事故人身损害赔偿；

（八）请求环境污染、生态破坏损害赔偿；

（九）法律、法规、规章规定的其他情形。

第四十一条 因经济困难申请法律援助的，申请人应当如实说明经济困难状况。

法律援助机构核查申请人的经济困难状况，可以通过信息共享查询，或者由申请人进行个人诚信承诺。

法律援助机构开展核查工作，有关部门、单位、村民委员会、居民委员会和个人应当予以配合。

举一反三

需要注意的是，法律援助是公益性、无偿性的公共法律服务，因此不能惠及所有人。《法律援助法》对法律援助设定了两个条件，一是资格（实质）条件，即属于法律规定的援助事项。该法第24条、第25条、第28条、第29条、第31条、第32条等规定了可以申请法律援助的范围。此外，各省、自治区、直辖市根据《法律援助法》第31条第9项的规定，根据本地具体情况，可以扩大援助范围。二是经济（形式）条件，即申请人必须符合经济困难的条件。经济困难的标准，根据《法律援助法》的规定，各省、自治区、直辖市可以根据本地经济发展状况进行确定。

④ 因邻里纠纷能否申请法律援助？

遇事

刘某丈夫因车祸导致身体一直不太好，为了照顾其生活，刘某也无法外出工作，二人依靠低保维持生活。现在二人居住在一个老旧小区二楼。这个小区居住的大部分都是老年人，还有一部分刚参加工作的年轻人租住在此，小区的生活环境较差。刘某夫妻俩居住的单元，三楼住有一对中年夫妻，四楼居住有一对小夫妻。三楼的中年夫妻养了一条金毛，四楼的夫妻养了一条泰迪犬。这两条狗经常在走廊中大小便，导致楼道内臭气熏天，而且两条狗经常在楼道和房间内吠叫，吵得刘某不得安宁。刘某多次找到三楼、四楼的邻居协商，均没有效果。后来，物业出面调解，效果也不如人意。无奈之下，刘某来到法律援助机构，希望援助律师出面帮忙解决这一问题。根据本案情况，刘某能否获得法律援助？

说法

民事法律援助范围的界定是将有限资源在所有希望获得司法正义的人们之间公平分配，并为部分经济弱者和权利弱者提供无偿法律帮助。根据《法律援助法》的规定，获得法律援助需要具备资格条件和经济条件，二者缺一不可。从《法律援助法》第31条规定的法律援助范围来看，民事法律援助更为关注人身权和财产权，邻里之间的矛盾纠纷并不是可以援助的事项。因此，虽然本案中的刘某依靠低保维持生活，符合申请法律援助的经济困难条件，但是其需要解决的问题并非法律援助的范围，不能获得法律援助。

二、民事法律援助

找法

《法律援助法》

第三十一条 下列事项的当事人，因经济困难没有委托代理人的，可以向法律援助机构申请法律援助：

（一）依法请求国家赔偿；

（二）请求给予社会保险待遇或者社会救助；

（三）请求发给抚恤金；

（四）请求给付赡养费、抚养费、扶养费；

（五）请求确认劳动关系或者支付劳动报酬；

（六）请求认定公民无民事行为能力或者限制民事行为能力；

（七）请求工伤事故、交通事故、食品药品安全事故、医疗事故人身损害赔偿；

（八）请求环境污染、生态破坏损害赔偿；

（九）法律、法规、规章规定的其他情形。

第三十四条 经济困难的标准，由省、自治区、直辖市人民政府根据本行政区域经济发展状况和法律援助工作需要确定，并实行动态调整。

第四十一条 因经济困难申请法律援助的，申请人应当如实说明经济困难状况。

法律援助机构核查申请人的经济困难状况，可以通过信息共享查询，或者由申请人进行个人诚信承诺。

法律援助机构开展核查工作，有关部门、单位、村民委员会、居民委员会和个人应当予以配合。

举一反三

需要注意的是,不能给予刘某法律援助,是指不能指派律师帮助刘某提起诉讼,并作为代理人参与诉讼,但是并不妨碍给予其他形式的法律援助。《法律援助法》第22条规定了法律咨询、代拟法律文书、民事案件诉讼代理等多种法律援助方式,其中法律咨询并没有设定咨询范围和经济条件限制。刘某可以通过电话、现场、线上等多种方式进行咨询。

二、民事法律援助

5 民间借贷纠纷能否申请法律援助？

遇事

李某与陈某系多年好友，2020年5月，李某因资金周转不开向陈某借款30万元，约定借款1年，按照银行同期贷款利率偿付利息。到期后，李某未还款。陈某在2021年7月向李某索要该笔借款，但李某推脱手头没钱，让陈某再宽限一段时间，陈某因顾及多年情谊未提起诉讼。2021年12月，陈某经营的公司宣告破产，陈某的全部积蓄都用来支付公司员工工资，身无分文的陈某想要回借给李某的30万元。陈某再次给李某打电话时，却发现李某已将自己的联系方式全部拉黑，无法联系到李某。而此时的陈某经济已经十分窘迫，妻子为家庭主妇，也没有收入来源。根据本案情况，陈某能否获得法律援助？

说法

《法律援助法》第2条规定："本法所称法律援助，是国家建立的为经济困难公民和符合法定条件的其他当事人无偿提供法律咨询、代理、刑事辩护等法律服务的制度，是公共法律服务体系的组成部分。"可见，虽然法律援助工作是一项重要的民生工程，但作为一种无偿的公益的法律服务，不可能具有全民普惠性，只能满足符合条件的公民的司法需求。《法律援助法》第31条规定了法律援助的范围，从前八项规定的内容来看，法律援助主要针对经济困难公民的人身权、特定财产权等，即使第九项规定了"法律、法规、规章规定的其他情形"这一兜底条款，但从同类解释的角度，也不能超出上述权利范畴。由此可见，基于民间借贷产生的纠纷，即使当事人符合经济困难的条件，也不属于《法律援助法》规定的援助范围。本案中的陈某由于公司破产导致经济困难，符合申请法律援助的形式条件，但其与李某之间因民间借贷产生的是债权债务关系，不符合申请法律援助的实质条件，因此不能获得法律援助。

🔍 找法

《法律援助法》

第二条 本法所称法律援助，是国家建立的为经济困难公民和符合法定条件的其他当事人无偿提供法律咨询、代理、刑事辩护等法律服务的制度，是公共法律服务体系的组成部分。

第二十二条 法律援助机构可以组织法律援助人员依法提供下列形式的法律援助服务：

（一）法律咨询；

（二）代拟法律文书；

（三）刑事辩护与代理；

（四）民事案件、行政案件、国家赔偿案件的诉讼代理及非诉讼代理；

（五）值班律师法律帮助；

（六）劳动争议调解与仲裁代理；

（七）法律、法规、规章规定的其他形式

第三十一条 下列事项的当事人，因经济困难没有委托代理人的，可以向法律援助机构申请法律援助：

（一）依法请求国家赔偿；

（二）请求给予社会保险待遇或者社会救助；

（三）请求发给抚恤金；

（四）请求给付赡养费、抚养费、扶养费；

（五）请求确认劳动关系或者支付劳动报酬；

（六）请求认定公民无民事行为能力或者限制民事行为能力；

（七）请求工伤事故、交通事故、食品药品安全事故、医疗事故人身损害赔偿；

（八）请求环境污染、生态破坏损害赔偿；

（九）法律、法规、规章规定的其他情形。

举一反三

应当注意的是，《法律援助法》第2条规定的"符合法定条件的其他当事人"以及第24条规定的"其他原因"，主要是指第25条规定的七类刑事案件的犯罪嫌疑人、被告人，并不包括第31条规定之外的其他人。因此民间借贷纠纷通常不属于法律援助范畴，但并非所有民间借贷的当事人都不可以申请法律援助，在实践中，有些地区可以为生活极其贫困，属于鳏、寡、孤、独、老、弱、病、残且借贷数额又不是很大的当事人提供法律援助。

6 遭遇交通事故时，当事人如何寻求法律援助？

遇事

2021年9月，韦某驾驶电动三轮车载着李某某（男，62岁）到批发市场购买物品，途中与赵某某驾驶的车辆相撞，造成两车损坏，韦某及李某某均受伤。经交管部门认定，赵某某负事故全部责任。李某某被医院诊断为创伤性蛛网膜下腔出血、鼻骨骨折、左侧锁骨闭合性骨折、左侧第一肋骨骨折、右手拇指骨折等，住院41天，后多次接受治疗。受伤前，李某某在当地乳制品厂工作，每月工资2800元。受伤后，身体健康每况愈下，其所在的乳制品厂是一个小型私营企业，从经济效益出发，最终辞退了李某某。赵某某驾驶的车辆在某保险公司投保了机动车第三者责任强制保险及商业保险。李某某欲提起诉讼，要求赵某某、某保险公司赔偿其经济损失。根据本案情况，李某某是否可以申请法律援助？

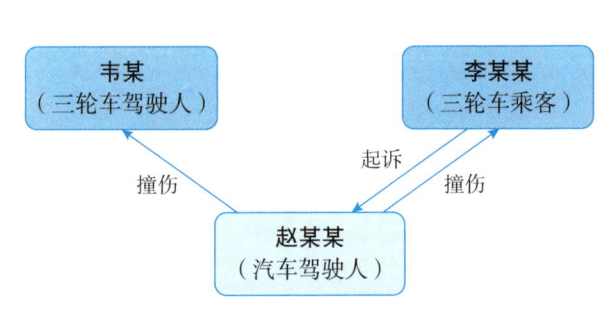

说法

《法律援助法》第31条极大地扩大了《法律援助条例》第10条的援助范围，明确规定了当事人在经济困难情况下，请求工伤事故、交通事故、食品药品安全事故、医疗事故人身损害赔偿可以申请法律援助。《法律援助法》之所以作这样的扩展，主要是考虑到人身损害不仅会使当事人承受身体和精神上的痛苦，也会加重当事人经济上的负担，使原本并不富裕的家庭雪上加霜。本案中，李某某家住农村，年逾六旬依然在工厂做工，除了工资并无其他收人，但受伤后因健康状况影响工作被辞退而失去生活来源，符合法律援助经济困难的标准，应当给予法律援助，通过法律途径，获得经济以及精神赔偿。

找法

《法律援助法》

第三十一条　下列事项的当事人，因经济困难没有委托代理人的，可以向法律援助机构申请法律援助：

（一）依法请求国家赔偿；

（二）请求给予社会保险待遇或者社会救助；

（三）请求发给抚恤金；

（四）请求给付赡养费、抚养费、扶养费；

（五）请求确认劳动关系或者支付劳动报酬；

（六）请求认定公民无民事行为能力或者限制民事行为能力；

（七）请求工伤事故、交通事故、食品药品安全事故、医疗事故人身损害赔偿；

（八）请求环境污染、生态破坏损害赔偿；

（九）法律、法规、规章规定的其他情形。

第三十四条　经济困难的标准，由省、自治区、直辖市人民政府根据本行政区域经济发展状况和法律援助工作需要确定，并实行动态调整。

举一反三

需提醒交通事故受害人的是，在符合《道路交通事故社会救助基金管理办法》第14条规定，有"抢救费用超过交强险责任限额的；肇事机动车未参加交强险的；机动车肇事后逃逸的"情况之一时，交通事故受害人及其近亲属可以请求救助基金垫付人身伤亡的丧葬费用、部分或者全部抢救费用，以解燃眉之急。当然，申请法律援助与申请救助基金并不冲突，可以同时进行。

7 英雄烈士遭诋毁，英雄烈士的近亲属如何寻求法律援助？

遇事

陈某，男，25岁，是一名消防员。2021年某日，某山区突发特大火灾，陈某在接到命令后紧急出动。山中地形复杂，火势不断蔓延，陈某在灭火过程中因帮助当地一名参与扑火的村民离开火场而不幸遇难。由于陈某是为了保护人民的生命财产安全而牺牲，火灾结束后被认定为烈士。但此时网络上却出现了以讹传讹，甚至恶意诽谤的言论，有些人冷嘲热讽，有些人贬损、侮辱，这些文章在网络上不断发酵，造成了极其恶劣的影响。陈某的母亲本来因失去儿子已经悲痛欲绝，看到这些污蔑更是痛心不已，希望通过法律手段维护儿子的人格权益，不知道能否申请法律援助？

说法

根据我国法律规定，英雄烈士的姓名、肖像、名誉、荣誉受法律保护，任何组织和个人不得在公共场所、互联网或者利用广播电视、电影、出版物等，以侮辱、诽谤或者其他方式侵害英雄烈士的姓名、肖像、名誉、荣誉。对侵害英雄烈士的姓名、肖像、名誉、荣誉的行为，英雄烈士的近亲属可以依法向人民法院提起诉讼。为了帮助英雄烈士的近亲属更好地维权，《法律援助法》第32条第1项规定，英雄烈士近亲属为维护英雄烈士的人格权益，可以向法律援助机构申请法律援助，并且不受经济困难条件的限制。本案中，陈某的母亲有资格以近亲属的身份申请法律援助，并应当获得法律援助，法律援助机构进行审查时无需审查陈某母亲的经济状况。

找法

《法律援助法》

第三十二条 有下列情形之一，当事人申请法律援助的，不受经济困难条件的限制：

（一）英雄烈士近亲属为维护英雄烈士的人格权益；

（二）因见义勇为行为主张相关民事权益；

（三）再审改判无罪请求国家赔偿；

（四）遭受虐待、遗弃或者家庭暴力的受害人主张相关权益；

（五）法律、法规、规章规定的其他情形。

《英雄烈士保护法》

第二十二条 禁止歪曲、丑化、亵渎、否定英雄烈士事迹和精神。

英雄烈士的姓名、肖像、名誉、荣誉受法律保护。任何组织和个人不得在公共场所、互联网或者利用广播电视、电影、出版物等，以侮辱、诽谤或者其他方式侵害英雄烈士的姓名、肖像、名誉、荣誉。任何组织和个人不得将英雄烈士的姓名、肖像用于或者变相用于商标、商业广告，损害英雄烈士的名誉、荣誉。

公安、文化、新闻出版、广播电视、电影、网信、市场监督管理、负责英雄烈士保护工作的部门发现前款规定行为的，应当依法及时处理。

第二十五条第一款 对侵害英雄烈士的姓名、肖像、名誉、荣誉的行为，英雄烈士的近亲属可以依法向人民法院提起诉讼。

《刑法》

第二百九十九条之一 侮辱、诽谤或者以其他方式侵害英雄烈士的名誉、荣誉，损害社会公共利益，情节严重的，处三年以下有期徒刑、拘役、管制或者剥夺政治权利。

二、民事法律援助

举一反三

需要注意的是，英雄烈士的事迹和精神是社会主义核心价值观的重要体现，是应当弘扬和学习的。对于侵害英雄烈士名誉的行为，英雄烈士的近亲属可以申请法律援助，通过提起诉讼来维护英雄烈士的名誉；对于情节严重的，也可以选择向公安机关报案，追究其刑事责任，我国《刑法》第299条之一规定了侵害英雄烈士名誉、荣誉罪，损害社会公共利益，情节严重的，最高可以判处3年有期徒刑。但如果由于一些主客观原因，英雄烈士的近亲属未提起诉讼的，或者没有能力提起诉讼的，也可以请求检察机关提起民事公益诉讼，检察机关也可以依职权提起民事公益诉讼，维护英雄烈士的名誉。

8 农民遭遇合同纠纷能否申请法律援助？

遇事

2021年4月，韩某某等18户农民经韩某某的朋友介绍认识了田某。双方口头约定，由田某向韩某某等人提供豌豆种子。后田某将用来做饲料的豌豆种子冒充"中豌九号"卖给18户农民。韩某某等人种植后，18户农民共损失30余万元。因朋友在中间做担保，韩某某等人未与田某签订书面合同。韩某某等人多次与田某商讨，田某始终不承认自己销售的是假种子，最后索性说双方并没有签订合同，拒绝承认种子是自己销售的。虽然韩某某的朋友当时答应做担保，但没有书面确认，现在也矢口否认做担保的事情。韩某某等人被骗后损失惨重，不懂法律知识也没有经济能力提起诉讼。根据本案情况，韩某某等人能否获得法律援助？

说法

涉及农民权益的纠纷有些是群体纠纷，很容易激化矛盾，影响社会稳定。因此很多地区都会根据《法律援助法》第31条第9项的兜底规定适当扩大涉农援助范围，并在乡村设立法律援助工作站，提供涉农法律援助，有些地方甚至会开通绿色通道办理援助手续，及时化解涉农矛盾。本案中，韩某某等人所处种植区，也有其他农民遇到了同样的问题，通过法律援助帮助受困农民解决纠纷，符合法律援助的精神实质和援助事项。韩某某等人因种子销售与田某产生纠纷，并导致严重损失，无力负担律师费，具备了法律援助经济困难的条件，应当给予法律援助。

二、民事法律援助

找法

《法律援助法》

第十二条 县级以上人民政府司法行政部门应当设立法律援助机构。法律援助机构负责组织实施法律援助工作，受理、审查法律援助申请，指派律师、基层法律服务工作者、法律援助志愿者等法律援助人员提供法律援助，支付法律援助补贴。

第三十一条 下列事项的当事人，因经济困难没有委托代理人的，可以向法律援助机构申请法律援助：

（一）依法请求国家赔偿；

（二）请求给予社会保险待遇或者社会救助；

（三）请求发给抚恤金；

（四）请求给付赡养费、抚养费、扶养费；

（五）请求确认劳动关系或者支付劳动报酬；

（六）请求认定公民无民事行为能力或者限制民事行为能力；

（七）请求工伤事故、交通事故、食品药品安全事故、医疗事故人身损害赔偿；

（八）请求环境污染、生态破坏损害赔偿；

（九）法律、法规、规章规定的其他情形。

第四十一条 因经济困难申请法律援助的，申请人应当如实说明经济困难状况。

法律援助机构核查申请人的经济困难状况，可以通过信息共享查询，或者由申请人进行个人诚信承诺。

法律援助机构开展核查工作，有关部门、单位、村民委员会、居民委员会和个人应当予以配合。

举一反三

需要注意的是，并非所有合同纠纷都能够申请法律援助，实践中部分涉农纠纷因涉及保护农民利益和群体性利益的，才可能获得法律援助。

此外，还应当注意，乡村振兴推动了涉农法律援助的发展，农民朋友申请法律援助会更加便利。2021年6月1日《乡村振兴促进法》施行后，为了扎实推进法治乡村建设，为乡村振兴提供法律服务和法治保障，多地法律援助机构也及时作出反应，不同程度地扩大了法律援助的范围，与"三农"有关的劳动争议，使用伪劣化肥、农药、种子等直接用于农业生产的生产资料或因遭受环境污染造成种植业、养殖业损失或者其他损失主张权利，以及涉及土地承包、林权纠纷、社会保障等集体经济组织成员权益等事项都纳入了法律援助事项范围。当然，各地涉农法律援助的范围存在不同，申请事项是否属于法律援助范围仍然以本地规定为准。

二、民事法律援助

9 遭遇环境污染损害时，受害人如何寻求法律援助？

遇事

扫一扫，听案情

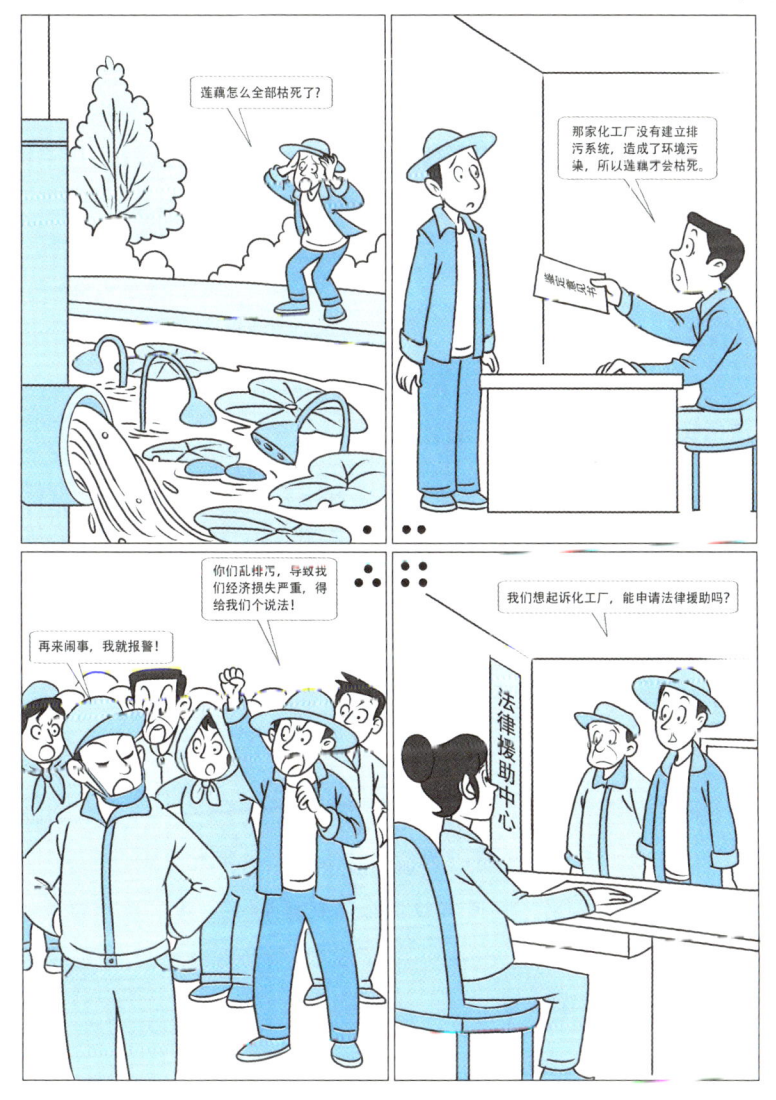

说法

根据《法律援助法》第31条第8项的规定，当事人请求环境污染、生态破坏损害赔偿的，因经济困难没有委托代理人的，可以申请法律援助。法律之所以如此规定，是因为环境污染不仅破坏了现有生存环境和环境的代际传承，更会损害人们的身体健康和经济发展，很多人更是会因此致贫或者返贫，需要公益服务的扶持才能获得法律救济。本案中，张某等人因此次水污染赔进去所有的积蓄，已经没有能力负担律师费用，符合法律援助要求的经济困难条件。而且涉案企业的污水和废气的排放造成了当地的水污染和空气污染，已经形成了环境污染事件，按照《法律援助法》第31条的规定，应当给予法律援助，以帮助该村村民维护合法权益，帮助张某等人获得经济赔偿。

找法

《法律援助法》

第三十一条 下列事项的当事人，因经济困难没有委托代理人的，可以向法律援助机构申请法律援助：

（一）依法请求国家赔偿；

（二）请求给予社会保险待遇或者社会救助；

（三）请求发给抚恤金；

（四）请求给付赡养费、抚养费、扶养费；

（五）请求确认劳动关系或者支付劳动报酬；

（六）请求认定公民无民事行为能力或者限制民事行为能力；

（七）请求工伤事故、交通事故、食品药品安全事故、医疗事故人身损害赔偿；

（八）请求环境污染、生态破坏损害赔偿；

（九）法律、法规、规章规定的其他情形。

第三十四条 经济困难的标准，由省、自治区、直辖市人民政府根据本行政区域经济发展状况和法律援助工作需要确定，并实行动态调整。

第四十一条 因经济困难申请法律援助的，申请人应当如实说明经济困难状况。

法律援助机构核查申请人的经济困难状况，可以通过信息共享查询，或者由申请人进行个人诚信承诺。

法律援助机构开展核查工作，有关部门、单位、村民委员会、居民委员会和个人应当予以配合。

《民事诉讼法》

第五十八条 对污染环境、侵害众多消费者合法权益等损害社会公共利益的行为，法律规定的机关和有关组织可以向人民法院提起诉讼。

人民检察院在履行职责中发现破坏生态环境和资源保护、食品药品安全领域侵害众多消费者合法权益等损害社会公共利益的行为，在没有前款规定的机关和组织或者前款规定的机关和组织不提起诉讼的情况下，可以向人民法院提起诉讼。前款规定的机关或者组织提起诉讼的，人民检察院可以支持起诉。

举一反三

需要注意的是，遭受环境污染的受害人可以选择自己向法院提起诉讼，要求侵权人停止侵害，赔偿损失；无力聘请律师的，可以申请法律援助。受害人也可以向当地检察机关反映情况，检察机关经过调查后，可以提起环境公益诉讼。《环境保护法》第58条规定的相关社会组织也有权向人民法院提起环境公益诉讼。社会组织提起公益诉讼需要满足以下两个条件：（1）依法在设区的市级以上人民政府民政部门登记。（2）专门从事环境保护公益活动连续5年以上且无违法记录。

10 公民遇到食品安全问题能否申请法律援助？

遇事

小娟在丈夫因病去世后，独自带着7岁的儿子生活。为了维持生活和便于儿子上学，小娟在儿子上学的小学附近租了一个房子，开了一个小超市。因为来超市买东西的基本都是小学生，所以超市里面出售的大多为小零食。为了节约成本，小娟经常从网上购物。2021年9月1日，小娟从网上名为"邻里家"的店家处购买了一种蒸豆腐的小食品，因为口感很好，很快销售一空，儿子也吃了一些。结果，第二天儿子就腹泻不止，买过这种小食品的学生家长也陆陆续续地找上门来要求赔偿，小娟的超市也被市场监管部门责令停业整顿，并被罚款。

小娟通过网络联系商家，告知其产品质量存在问题，要求其赔偿，商家仅提供了产品质量合格证以及食品成分表后就不予理睬。因给儿子治病、赔偿以及罚款，小娟家瞬间陷入困境。小娟想向商家追偿，但不知道应该怎么办。在邻居的提醒下，小娟欲申请法律援助。根据本案情况，小娟能否获得法律援助？

说法

民以食为天，食以安为先，食品安全关系到人们的身体健康和生命安全。人们一旦遇到食品安全问题，损害的不仅仅是身体健康，还可能因为治疗等原因导致家庭陷入危机，因此，《法律援助法》第31条将因食品安全事故导致人身损害赔偿的纳入法律援助范畴，以帮助因经济困难没有委托代理人的受害人通过法律救济获得相应赔偿。随着网络技术的快速发展，网购走入千家万户，但是网络带来方便的同时，也存在无法看到实物，无法确定质量的问题。加之，因物理距离和商家信息无法核实等原因，造成受害人维权比较困难。可见，网购食品安全事故的受害人更应当得到法律帮助。本案中，小娟是问题商品的销售者，因销售问题食品造成购买者身体健康受到损害，但其也是食品安全的受害者，7岁的儿子腹泻不止住院治疗。小娟因为网购的问题商品陷入经济困境，无力聘请律师维护合法权益，符合法律援助要求的条件，应当给予法律援助。

找法

《法律援助法》

第三十一条　下列事项的当事人，因经济困难没有委托代理人的，可以向法律援助机构申请法律援助：

（一）依法请求国家赔偿；

（二）请求给予社会保险待遇或者社会救助；

（三）请求发给抚恤金；

（四）请求给付赡养费、抚养费、扶养费；

（五）请求确认劳动关系或者支付劳动报酬；

（六）请求认定公民无民事行为能力或者限制民事行为能力；

（七）请求工伤事故、交通事故、食品药品安全事故、医疗事故人身损害赔偿；

（八）请求环境污染、生态破坏损害赔偿；

（九）法律、法规、规章规定的其他情形。

第四十一条　因经济困难申请法律援助的，申请人应当如实说明经济困难状况。

法律援助机构核查申请人的经济困难状况，可以通过信息共享查询，或者由申请人进行个人诚信承诺。

法律援助机构开展核查工作，有关部门、单位、村民委员会、居民委员会和个人应当予以配合。

举一反三

需要注意的是，遇到食品安全问题的应当及时就医，保存相关的医疗票据，并请医生写明导致疾病的原因，以证明疾病与问题食品有因果关系。申请法律援助时，应当提交上述材料。受援助后，要将商品信息和平台信息告知援助律师，因为根据《食品安全法》的规定，通过网络购买食品合法权益受到侵害的，可以向入网食品经营者或者食品生产者要求赔偿。如果网络食品交易第三方平台提供者不能提供入网食品经营者的真实名称、地址和有效联系方式的，则由网络食品交易第三方平台提供者赔偿。因此，援助律师了解的信息越详细越有助于制定维权策略。

另外，还应当注意的是，因为食品安全涉及很多专业问题，受害人可以在援助律师的帮助下向市场监管部门举报，由市场监管部门作出处理决定，该处理决定会成为诉讼中的有力证据。

二、民事法律援助

11 农民工讨薪如何获得法律援助？

遇事

李某是某村村民，家中有两个孩子需要抚养，还有年迈的父母需要赡养，家庭极其贫困。为了缓解家庭经济压力，李某于2021年年初与同村村民一起进城打工，经人介绍，李某等人到包工头周某的建筑工地工作，该建筑项目系某建筑公司分包给周某的工程队。周某与李某等人口头约定工资为每月5000元，于月底结算。工作了几个月后，周某就不再按时按月给李某等人结算工资了，到2021年9月，共拖欠李某等26人工资38万元人民币，李某等人多次向周某讨要无果，遂辞了职，四处奔走寻求救济途径。后来，李某众人来到县法律援助中心咨询。根据本案情况，李某等人能否获得法律援助？

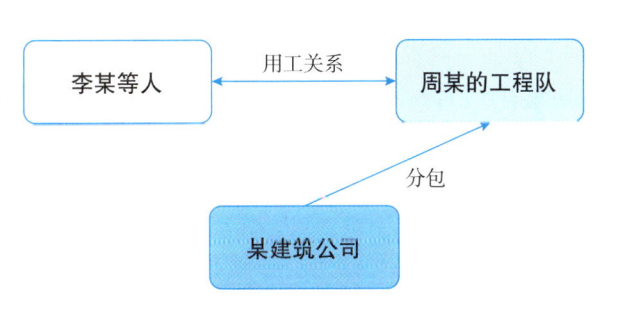

说法

农民工指的是为用人单位提供劳动的农村居民。我国《劳动法》第50条规定，不得克扣或者拖欠劳动者的工资。由于拖欠农民工工资现象频发，国务院专门制定了《保障农民工工资支付条例》，其中第3条强调，"农民工有按时足额获得工资的权利。任何单位和个人不得拖欠农民工工资"。为帮助被侵权的农民工维护合法权益，《法律援助法》在第31条第5项规定请求支付劳动报酬的案件属于法律援助范围的基础上，在第42条第3项特别规定了申

035

请支付劳动报酬的进城务工人员，免予核查经济困难状况。此外，《保障农民工工资支付条例》将农民工列为法律援助的重点对象，并规定司法行政部门和法律援助机构应当依法为请求支付工资的农民工提供便捷的法律援助，积极参与相关诉讼、咨询、调解等活动，帮助解决拖欠农民工工资问题。各地法律援助机构都积极响应国家政策，为农民工开通了绿色通道，最大限度上帮助农民工解决欠薪问题。本案中的李某等人属于农民工群体，其追索劳动报酬属于法律援助范围，依法可以获得法律援助。

找法

《法律援助法》

第三十一条 下列事项的当事人，因经济困难没有委托代理人的，可以向法律援助机构申请法律援助：

（一）依法请求国家赔偿；

（二）请求给予社会保险待遇或者社会救助；

（三）请求发给抚恤金；

（四）请求给付赡养费、抚养费、扶养费；

（五）请求确认劳动关系或者支付劳动报酬；

（六）请求认定公民无民事行为能力或者限制民事行为能力；

（七）请求工伤事故、交通事故、食品药品安全事故、医疗事故人身损害赔偿；

（八）请求环境污染、生态破坏损害赔偿；

（九）法律、法规、规章规定的其他情形。

第四十二条 法律援助申请人有材料证明属于下列人员之一的，免予核查经济困难状况：

（一）无固定生活来源的未成年人、老年人、残疾人等特定群体；

（二）社会救助、司法救助或者优抚对象；

（三）申请支付劳动报酬或者请求工伤事故人身损害赔偿的进城务工人员；

（四）法律、法规、规章规定的其他人员。

《劳动法》

第五十条　工资应当以货币形式按月支付给劳动者本人。不得克扣或者无故拖欠劳动者的工资。

《保障农民工工资支付条例》

第三条　农民工有按时足额获得工资的权利。任何单位和个人不得拖欠农民工工资。

农民工应当遵守劳动纪律和职业道德，执行劳动安全卫生规程，完成劳动任务。

第四十五条　司法行政部门和法律援助机构应当将农民工列为法律援助的重点对象，并依法为请求支付工资的农民工提供便捷的法律援助。

公共法律服务相关机构应当积极参与相关诉讼、咨询、调解等活动，帮助解决拖欠农民工工资问题。

举一反三

一直以来，党中央、国务院高度重视农民工法律援助工作，司法部将农民工群体作为"法援惠民生"品牌建设特殊对象之一重点予以援助，在全国范围内开展了"法援惠民生·助力农民工"的活动。对于农民工索要劳动报酬和请求工伤赔偿的案件，各地的法律援助中心不再审查经济困难条件，只要是农民工这类案件一概受理。同时，农民工申请法律援助案件遵循"三个优先"原则，即优先受理、优先审查、优先指派。各地的劳动部门、司法部门也加强了协作，通过异地协作的方式，获得相关证明，不再需要农民工受援人来回奔波。

实践中，因为劳务分包单位没有相应的资金和财产，缺乏支付工资的能力而常常导致欠薪问题，侵害农民工权益。为保障农民工及时获得工资，《保障农民工工资支付条例》第30条规定了施工总承包单位的先行清偿责任，因此当分包单位拖欠工资时，农民工可以直接向施工总承包单位追偿。

二、民事法律援助

⑫ 因高度危险作业遭受损害，受害人如何获得法律援助？

遇事

扫一扫，听案情

说法

高度危险作业是指从事高空、高压、易燃、易爆、剧毒、放射性、高速运输工具等对周围环境有高度危险的作业。现实生活中，该类案件发生后，由于涉及多个被告，伤者的维权之路往往异常艰辛，如果没有法律援助为其提供专业的法律服务，仅靠个人难以厘清法律关系，获得赔偿。因此，尽管《法律援助法》没有将高危作业损害赔偿纠纷明确纳入法律援助的范围，但部分省、自治区、直辖市为了帮助受害人维护合法权益，在地方法律援助条例中规定了"因高危作业造成损害请求赔偿的纠纷中，当事人因经济困难没有委托代理人的，可以申请法律援助"。综上所述，因高危作业受伤的当事人想要申请法律援助的，可以查询当地的法律援助条例或者咨询当地的法律援助机构来判断该事项是否属于法律援助范围。属于法律援助范围的，当事人还需要同时满足经济困难这一条件，才能成功获得援助。本案中，县法律援助机构告诉赵某，因高危作业产生的损害赔偿纠纷并不属于当地的法律援助范围，因此赵某不能获得法律援助。

找法

《安徽省法律援助条例》

第十三条 公民对下列需要代理的事项，因经济困难没有委托代理人的，可以申请法律援助：

（一）依法请求国家赔偿或者行政补偿的；

（二）请求给予社会保险待遇或者最低生活保障待遇的；

（三）请求发给抚恤金、救济金的；

（四）请求给付赡养费、抚养费、扶养费的；

（五）请求支付劳动报酬或者因劳动争议请求给付经济补偿、赔偿金的；

（六）请求赔偿与交通、工伤、医疗、食品药品安全、环境污染、产品质量等相关的人身损害、财产损失的；

（七）请求赔偿因高危作业造成损害的；

（八）请求赔偿因使用假劣农药、种子、化肥等农业生产资料造成农业生产损失的；

（九）因遭受家庭暴力、虐待、遗弃，主张民事权益的；

（十）因见义勇为自身权益受到损害，主张民事权益的；

（十一）因农村土地承包经营权及其流转中合法权益受到侵害，主张民事权益的。

设区的市人民政府可以对前款规定以外的事项作出补充规定。

《海南省法律援助规定》

第七条 下列事项当事人，因经济困难没有委托代理人的，可以申请法律援助：

（一）依法请求国家赔偿；

（二）请求给予社会保险待遇或者社会救助；

（三）请求发给抚恤金；

（四）主张因发生劳动争议产生的民事权益；

（五）请求环境污染、生态破坏损害赔偿；

（六）主张因公共卫生、安全生产产生的民事权益；

（七）请求工伤事故、交通事故、食品药品安全事故、医疗事故人身损害赔偿；

（八）请求高危作业、产品质量损害赔偿；

（九）主张因农村土地承包经营权及其流转中合法权益受到侵害产生的民事权益；

（十）主张因农作物受到损坏产生的民事权益；

（十一）请求征地、房屋拆迁补偿；

（十二）请求认定公民无民事行为能力或者限制民事行为能力；

（十三）请求给付赡养费、抚养费、扶养费；

（十四）因对方重婚或者有配偶者与他人同居的受害方要求离婚；

（十五）因继承权受到侵害请求确认或者赔偿；

（十六）法律、法规、规章和省人民政府规定的其他情形。

老年人、妇女、未成年人请求前款规定以外的其他损害赔偿，因经济困难没有委托代理人的，可以申请法律援助。

举一反三

《法律援助法》颁布实施以后，各地都开始了法律援助地方性法规的修订工作，如新修订的《海南省法律援助规定》于2022年7月1日起施行，修订后的规定扩大了法律援助的范围，降低了法律援助的标准。将主张因农作物受到损坏产生的民事权益、主张因发生劳动争议等事项新增纳入法律援助事项范围。将海南省法律援助经济困难标准由"所在地最低生活保障标准的150%"调整为"本省一类地区最低工资标准"，并按照"全省一盘棋、全岛同城化"的原则，实行全省执行统一标准，避免因市县之间标准差异给群众带来不便。此外，规定取消了出具经济困难证明，群众只需要如实说明经济状况、进行个人诚信承诺即可申请法律援助。由此可见，各地法律援助的门槛将会越来越低，法律援助将为弱势群体维护合法权益提供有力保障。

三

行政法律援助

三、行政法律援助

13 公民因请求社会保险待遇引发行政诉讼能否获得法律援助？

遇事

6月25日零时许，石某某骑摩托车赶夜路回家，因下雨路滑，加上车速过快而发生交通事故，石某某摔下车撞到路边的石头上，造成头部、腰部和腿部多处受伤，交警部门认定该事故系摩托车单方事故。石某某腿部受伤严重，先后入住两家医院治疗，做过两次手术，花费医疗费3万余元。石某某参加了当地的新型农村合作医疗（以下简称新农合），某县农村合作医疗局（以下简称县农合局）经过调查，认定石某某系因交通事故导致受伤，且交通事故完全由自身原因所导致，遂作出不予报销的监管决定。石某某的妻子在家务农，儿子在读高中，石某某是家里的经济支柱，因受伤失去经济来源，家里瞬间陷入经济困境，本希望通过新农合报销大部分医疗费，以减轻家里的经济压力，所以无法接受县农合局作出的决定。多方商讨无果后，石某某一家欲通过法律途径状告县农合局，但限于家里的经济条件无法聘请律师。根据本案情况，石某某能否获得法律援助？

说法

根据《法律援助法》第31条第2项的规定，请求给予社会保险待遇或者社会救助，因经济困难没有委托代理人的，可以申请法律援助。其中，社会保险待遇包括基本养老保险、基本医疗保险、工伤保险、失业保险和生育保险等待遇。新型农村合作医疗是由政府组织、引导、支持，农民自愿参加，个人、集体和政府多方筹资，以大病统筹为主的农民医疗互助共济制度，是社会保险的一种。显然，因社会保险待遇与相关行政管理机关引发行政诉讼的，符合《法律援助法》规定的经济条件的，可以申请法律援助。本案中，石某某虽参加了当地的新农合，但却无法得到医疗补偿，对县农合局的处理决定提起的行政诉讼属于法律援助的范围。石某某因交通事故导致受伤，花费了大量医疗费，致使家庭经济困难，符合法律援助经济困难条件，应当给予法律援助。

找法

《法律援助法》

第二十二条 法律援助机构可以组织法律援助人员依法提供下列形式的法律援助服务：

（一）法律咨询；

（二）代拟法律文书；

（三）刑事辩护与代理；

（四）民事案件、行政案件、国家赔偿案件的诉讼代理及非诉讼代理；

（五）值班律师法律帮助；

（六）劳动争议调解与仲裁代理；

（七）法律、法规、规章规定的其他形式

第三十一条 下列事项的当事人，因经济困难没有委托代理人的，可以向法律援助机构申请法律援助：

（一）依法请求国家赔偿；

（二）请求给予社会保险待遇或者社会救助；

（三）请求发给抚恤金；

（四）请求给付赡养费、抚养费、扶养费；

（五）请求确认劳动关系或者支付劳动报酬；

（六）请求认定公民无民事行为能力或者限制民事行为能力；

（七）请求工伤事故、交通事故、食品药品安全事故、医疗事故人身损害赔偿；

三、行政法律援助

（八）请求环境污染、生态破坏损害赔偿；

（九）法律、法规、规章规定的其他情形。

举一反三

需要注意的是，《法律援助法》第31条第2项规定的"请求社会救助"可以申请法律援助。社会救助包括最低生活保障、特困人员供养、受灾人员救助、医疗救助、教育救助、住房救助、就业救助、临时救助等八项救助制度。当事人请求上述社会救助，但因经济困难没有委托代理人的情况下，均可以申请法律援助。

此外，在实践中，有些地区为了帮助行政诉讼中处于相对弱势一方的行政管理相对人获得有效救济，人民法院会与司法行政机关合作，通过网上办理，简化行政诉讼法律援助申请、审批程序，满足了经济困难人群的司法需求。当事人可以关注一下当地的各项法律资源，以便快速获得法律援助。

14 因行政不作为请求国家赔偿，当事人如何申请法律援助？

遇事

刘某因吸食毒品被某公安局依法行政拘留12日，强制隔离戒毒2年。在执行完行政拘留后，因刘某年满60周岁，不宜收押戒毒所，故该公安局为刘某办理责令社区戒毒审批手续。在办理手续期间，刘某在公安局滞留室突发疾病、痛苦不堪，待救护车赶到时已经不治身亡。刘某早年丧子，极度痛苦之下沾染上了毒品，为了吸毒败光了家里的积蓄，身体健康也每况愈下，因找不到工作支撑家里的经济，只能与妻子二人靠低保生活。张某得知丈夫去世后，通过其他渠道了解到公安局干警在发现刘某发病的时候认为是刘某毒瘾发作，以为过一会儿就没事儿了，因此没有在第一时间打电话给120。张某认为正是因为公安局贻误了最佳抢救时机才导致刘某死亡的，想要申请国家赔偿。根据本案情况，张某能否获得法律援助？

说法

国家赔偿是指国家机关及其工作人员因行使职权给公民、法人及其他组织的人身权或财产权造成损害，依法应给予的赔偿。简言之，国家赔偿就是国家对国家权力活动中的侵权行为承担赔偿责任的一种法律制度，是因对被侵权人造成的伤害对国家的一种非难。为了帮助被国家权力侵害的受害人更顺利有效地获得赔偿，《法律援助法》第31条第1项明确规定，依法请求国家赔偿的当事人，因经济困难没有委托代理人的，可以申请法律援助。根据《国家赔偿法》第6条的规定，受害的公民死亡的，其继承人和有抚养关系的近亲属可以申请国家赔偿。本案中，刘某因病死亡，其妻张某作为近亲属，可以向赔偿义务机关申请国家赔偿。刘某在世时由于吸毒导致家庭经

三、行政法律援助

济状况较差，夫妻二人靠政府低保度日，符合经济困难条件，应当给予法律援助。

找法

《法律援助法》

第二十二条 法律援助机构可以组织法律援助人员依法提供下列形式的法律援助服务：

（一）法律咨询；

（二）代拟法律文书；

（三）刑事辩护与代理；

（四）民事案件、行政案件、国家赔偿案件的诉讼代理及非诉讼代理；

（五）值班律师法律帮助；

（六）劳动争议调解与仲裁代理；

（七）法律、法规、规章规定的其他形式

第三十一条 下列事项的当事人，因经济困难没有委托代理人的，可以向法律援助机构申请法律援助：

（一）依法请求国家赔偿；

（二）请求给予社会保险待遇或者社会救助；

（三）请求发给抚恤金；

（四）请求给付赡养费、抚养费、扶养费；

（五）请求确认劳动关系或者支付劳动报酬；

（六）请求认定公民无民事行为能力或者限制民事行为能力；

（七）请求工伤事故、交通事故、食品药品安全事故、医疗事故人身损害赔偿；

（八）请求环境污染、生态破坏损害赔偿；

（九）法律、法规、规章规定的其他情形。

第四十一条 因经济困难申请法律援助的，申请人应当如实说明经济困难状况。

法律援助机构核查申请人的经济困难状况，可以通过信息共享查询，或者由申请人进行个人诚信承诺。

法律援助机构开展核查工作，有关部门、单位、村民委员会、居民委员会和个人应当予以配合。

《国家赔偿法》

第三条 行政机关及其工作人员在行使行政职权时有下列侵犯人身权情形之一的，受害人有取得赔偿的权利：

（一）违法拘留或者违法采取限制公民人身自由的行政强制措施的；

（二）非法拘禁或者以其他方法非法剥夺公民人身自由的；

（三）以殴打、虐待等行为或者唆使、放纵他人以殴打、虐待等行为造成公民身体伤害或者死亡的；

（四）违法使用武器、警械造成公民身体伤害或者死亡的；

（五）造成公民身体伤害或者死亡的其他违法行为。

举一反三

需要注意的是，赔偿请求人要求赔偿应当先向赔偿义务机关提出，也可以在申请行政复议或者提起行政诉讼时一并提出。受害人可以在符合条件的情况下申请法律援助。在援助律师的帮助下，根据案件情况在直接请求和附带请求两种路径中选择更为有效的方式解决。本案中，张某可以向法院提起行政诉讼，要求法院确认公安局在刘某死亡事件中存在行政不作为，同时请求国家赔偿。如果张某不想提起行政诉讼，也可以直接向公安局申请国家赔偿。

四

刑事法律援助

四、刑事法律援助

15 刑事案件中的被告人因经济困难是否可以申请法律援助？

遇事

扫一扫，听案情

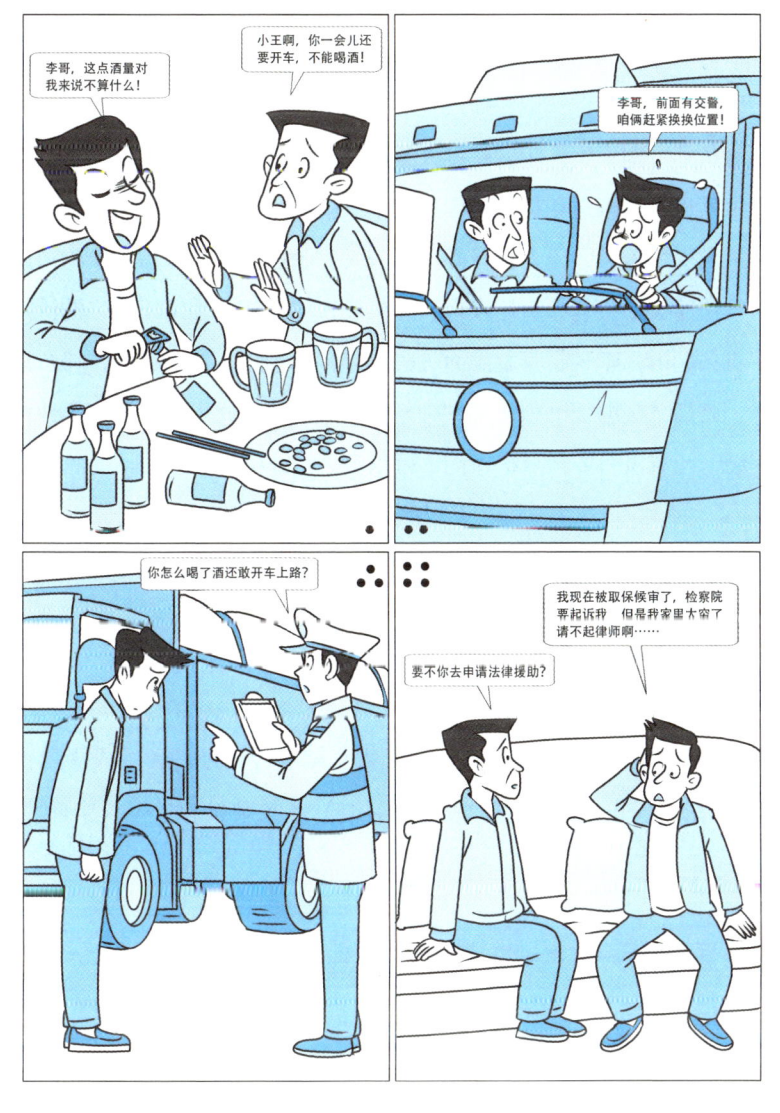

李哥，这点酒量对我来说不算什么！

小王啊，你一会儿还要开车，不能喝酒！

李哥，前面有交警，咱俩赶紧换位置！

你怎么喝了酒还敢开车上路？

要不你去申请法律援助？

我现在被取保候审了，检察院要起诉我，但是我家里太穷了，请不起律师啊……

053

说法

根据《法律援助法》第2条的规定，法律援助是国家建立的为经济困难公民和符合法定条件的其他当事人无偿提供法律咨询、代理、刑事辩护等法律服务的制度。该法第24条和《最高人民法院、最高人民检察院、公安部、司法部关于刑事诉讼法律援助工作的规定》第2条均规定，犯罪嫌疑人、被告人因经济困难没有委托辩护人的，本人及其近亲属可以申请法律援助。从上述法律规定可知，法律援助属于公共法律服务的组成部分，国家提供法律援助以受援人经济困难为主要条件，以法律规定的其他情形为辅助条件，除此之外并没有附加其他条件。刑事案件犯罪嫌疑人或者被告人并没有被剥夺申请法律援助的资格，王某母亲的顾虑和担心是因为其不了解法律援助的性质所导致的。本案中，王某因家境困难，无力自行委托辩护人，于是向县法律援助机构申请法律援助。县法律援助机构核查后发现，王某收入的大部分都用于母亲的治疗，因被检察机关起诉，李某将其解雇而失去工作，母子二人生活拮据，符合法律援助条件，遂指派援助律师跟进案件并与王某对接。由此可见，刑事案件中的被告人因经济困难没有委托辩护人的，可以申请法律援助。

找法

《法律援助法》

第二十四条 刑事案件的犯罪嫌疑人、被告人因经济困难或者其他原因没有委托辩护人的，本人及其近亲属可以向法律援助机构申请法律援助。

《刑法》

第一百三十三条之一 在道路上驾驶机动车，有下列情形之一的，处拘役，并处罚金：

（一）追逐竞驶，情节恶劣的；

（二）醉酒驾驶机动车的；

（三）从事校车业务或者旅客运输，严重超过额定乘员载客，或者严重超过规定时速行驶的；

（四）违反危险化学品安全管理规定运输危险化学品，危及公共安全的。

机动车所有人、管理人对前款第三项、第四项行为负有直接责任的，依照前款的规定处罚。

有前两款行为，同时构成其他犯罪的，依照处罚较重的规定定罪处罚。

《最高人民法院、最高人民检察院、公安部、司法部关于刑事诉讼法律援助工作的规定》

第二条 犯罪嫌疑人、被告人因经济困难没有委托辩护人的，本人及其近亲属可以向办理案件的公安机关、人民检察院、人民法院所在地同级司法行政机关所属法律援助机构申请法律援助。

具有下列情形之一，犯罪嫌疑人、被告人没有委托辩护人的，可以依照前款规定申请法律援助：

（一）有证据证明犯罪嫌疑人、被告人属于一级或者二级智力残疾的；

（二）共同犯罪案件中，其他犯罪嫌疑人、被告人已委托辩护人的；

（三）人民检察院抗诉的；

（四）案件具有重大社会影响的。

举一反三

需要注意的是，限于经济发展水平的差异，各地对认定经济困难的标准规定不尽相同，需结合案件受理地所在的省、自治区、直辖市人民政府的规定办理。

16 犯罪嫌疑人或者被告人是聋哑人的，司法机关是否应当为其提供法律援助？

遇事

2021年7月26日16时许，孙某（已判决）以处理与石某之间的经济纠纷为由，让石某与其男友被害人刘某到某宾馆见面。石某、刘某于当日17时许到达现场后被孙某、张某（聋哑人）等人带至该宾馆1417房间，后孙某、张某（聋哑人）等人在该房间内采取扇巴掌、让刘某自己扇巴掌、喝用烟灰等泡过的水、用烟头烫刘某肩部和胸部、用水枪朝刘某身上喷射被烟头等泡过的水等方式对刘某实施殴打、侮辱、威胁，持续至当日23时25分许，之后虽然停止殴打及侮辱行为，但一直也没有让刘某离开宾馆房间。第二日早上刘某要求吃饭，也没有被允许，下午三点左右刘某被放出。

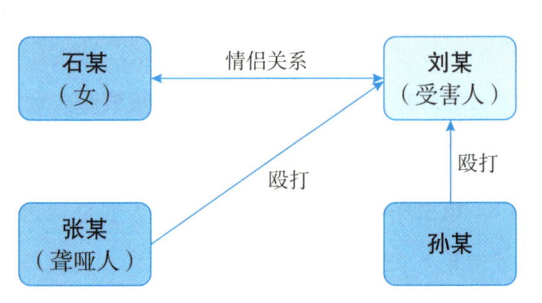

经鉴定，被害人刘某的损伤程度为轻微伤。县公安机关以孙某、张某涉嫌非法拘禁罪立案侦查，讯问中发现张某系聋哑人，随即为其聘请了手语翻译人员，但认为案情比较简单，并未为其指定辩护人。在审查起诉阶段，张某向办案人员咨询自己是否可以申请法律援助？

说法

聋哑人作为残疾人，因生理功能缺陷可能会导致认识能力和控制能力的减弱，因此在我国刑事法领域都对该类群体规定了特殊的处遇原则。为了充分保障残疾人的诉讼权利和实体权益，《刑事诉讼法》第35条第2款和

《最高人民法院、最高人民检察院、公安部、司法部关于刑事诉讼法律援助工作的规定》第9条第2项均规定，犯罪嫌疑人、被告人是盲、聋、哑人，在没有委托辩护人的情况下，人民法院、人民检察院和公安机关应当通知法律援助机构为其提供辩护。《法律援助法》第25条也规定，刑事案件的犯罪嫌疑人、被告人属于视力、听力、言语残疾人，没有委托辩护人的，人民法院、人民检察院、公安机关应当通知法律援助机构指派律师担任辩护人。该法虽然没有采用上述刑事法律规范的盲、聋、哑人的表述，但其"视力、听力、言语残疾人"的用语当然包括了盲、聋、哑人。可见，在刑事诉讼中，为存在视力、听力、语言残疾的犯罪嫌疑人、被告人指定辩护人属于人民法院、人民检察院、公安机关在各自诉讼阶段的职责，无需犯罪嫌疑人、被告人提出申请即应为之。本案中，张某为聋哑人，具有听力和语言的双重障碍，属于上述法律规定中依职权指定辩护人的范围。公安机关在侦查阶段发现张某是聋哑人，仅为其聘请了手语翻译，并认为案情简单未指定辩护人，这种做法不符合法律规定。在审查起诉阶段，检察机关应当为张某指定辩护人。

找法

《法律援助法》

第二十五条 刑事案件的犯罪嫌疑人、被告人属于下列人员之一，没有委托辩护人的，人民法院、人民检察院、公安机关应当通知法律援助机构指派律师担任辩护人：

（一）未成年人；

（二）视力、听力、言语残疾人；

（三）不能完全辨认自己行为的成年人；

（四）可能被判处无期徒刑、死刑的人；

（五）申请法律援助的死刑复核案件被告人；

（六）缺席审判案件的被告人；

（七）法律法规规定的其他人员。

其他适用普通程序审理的刑事案件，被告人没有委托辩护人的，人民法院可以通知法律援助机构指派律师担任辩护人。

《刑事诉讼法》

第三十五条 犯罪嫌疑人、被告人因经济困难或者其他原因没有委托辩护人的，本人及其近亲属可以向法律援助机构提出申请。对符合法律援助条件的，法律援助机构应当指派律师为其提供辩护。

犯罪嫌疑人、被告人是盲、聋、哑人，或者是尚未完全丧失辨认或者控制自己行为能力的精神病人，没有委托辩护人的，人民法院、人民检察院和公安机关应当通知法律援助机构指派律师为其提供辩护。

犯罪嫌疑人、被告人可能被判处无期徒刑、死刑，没有委托辩护人的，人民法院、人民检察院和公安机关应当通知法律援助机构指派律师为其提供辩护。

《最高人民法院、最高人民检察院、公安部、司法部关于刑事诉讼法律援助工作的规定》

第九条 犯罪嫌疑人、被告人具有下列情形之一没有委托辩护人的，公安机关、人民检察院、人民法院应当自发现该情形之日起3日内，通知所在地同级司法行政机关所属法律援助机构指派律师为其提供辩护：

（一）未成年人；

（二）盲、聋、哑人；

（三）尚未完全丧失辨认或者控制自己行为能力的精神病人；

（四）可能被判处无期徒刑、死刑的人。

四、刑事法律援助

举一反三

应当注意的是,根据法律规定,犯罪嫌疑人、被告人为盲、聋、哑人,没有委托辩护人的,公安机关、人民检察院、人民法院应当通知法律援助机构指派律师作为辩护人,不受经济困难的限制。法律之所以这样规定,主要是考虑到,无论犯罪嫌疑人、被告人经济状况如何,他们都具有生理缺陷这一共同特点,若因经济状况而被区别对待违反平等原则。

另外还要注意,关于上述三种生理缺陷,只要存在其中一种即可获得法律援助,尤其是对于聋、哑人,应当与《刑法》第19条规定的"又聋又哑的人"相区别。"又聋又哑"要求同时丧失听力和语言两种生理功能,只丧失其中一种不能适用刑法的处遇原则,但根据《法律援助法》的规定,聋、哑或者又聋又哑的人都可以获得法律援助。

17. 被告人为精神病人，司法机关是否应当为其提供法律援助？

遇事

2022年3月14日上午8时左右，被告人邱某在广场游玩时，用捡来的木棍无故击打唐某头部，致使唐某当场昏迷，被送往医院救治。后经鉴定，唐某人体损伤程度为轻伤二级。案发当时即有路人报警，邱某被刑事拘留。邱某的父母得知情况后，在与公安机关沟通过程中，就曾表示邱某在与女朋友分手后就不太正常，经常胡言乱语，父母以为就是因为与女朋友分手受到感情刺激，也没当回事。2022年3月24日，邱某的父母提出对邱某进行精神鉴定。4月1日，某精神病学司法鉴定所出具鉴定意见：邱某为尚未完全丧失辨认或者控制自己行为能力的精神病人。邱某与女友分手后一直待业在家，邱某父母只是在镇上帮人做些零活，收入不高，这次因邱某打伤唐某支付医疗费、赔偿费，家里更是入不敷出。根据本案情况，邱某可以获得法律援助吗？

说法

法律上的行为是在人的意识和意志支配下实施的行为，因此对于意识和意志支配能力较弱的精神病人，法律上都不同程度地给予了关照。从保护精神病人更好地行使辩护权角度出发，《刑事诉讼法》第35条第2款和《最高人民法院、最高人民检察院、公安部、司法部关于刑事诉讼法律援助工作的规定》第9条第3项均规定，尚未丧失辨认或者控制自己行为能力的精神病人，没有委托辩护人的，人民法院、人民检察院和公安机关应当通知法律援助机构指派律师为其提供辩护。《法律援助法》第25条第3项对上述法律规定的精神予以确认，也作出了相同规定。上述法律规定设定法律援助条件时只考虑主体精神状态的特殊性，并没有设定经济困难的条件标准，属于《法律援助法》第24条规定的"其他原因"。

本案中，邱某属于尚未完全丧失辨认或控制自己行为能力的精神病人，具有法律援助的申请资格，邱某可以依法申请法律援助。当然，为该类犯罪嫌疑人、被告人指定法律援助是人民法院、人民检察院和公安机关的职责，因此即使邱某没有申请法律援助，上述三机关在各自诉讼阶段也应当为其指定辩护人。无论是邱某自行申请法律援助还是三机关指定辩护均无需考虑邱某的经济状况。

找法

《法律援助法》

第二十五条 刑事案件的犯罪嫌疑人、被告人属于下列人员之一，没有委托辩护人的，人民法院、人民检察院、公安机关应当通知法律援助机构指派律师担任辩护人：

（一）未成年人；

（二）视力、听力、言语残疾人；

（三）不能完全辨认自己行为的成年人；

（四）可能被判处无期徒刑、死刑的人；

（五）申请法律援助的死刑复核案件被告人；

（六）缺席审判案件的被告人；

（七）法律法规规定的其他人员。

其他适用普通程序审理的刑事案件，被告人没有委托辩护人的，人民法院可以通知法律援助机构指派律师担任辩护人。

《刑事诉讼法》

第三十五条 犯罪嫌疑人、被告人因经济困难或者其他原因没有委托辩护人的，本人及其近亲属可以向法律援助机构提出申请。对符合法律援助条件的，法律援助机构应当指派律师为其提供辩护。

犯罪嫌疑人、被告人是盲、聋、哑人，或者是尚未完全丧失辨认或者控制自己行为能力的精神病人，没有委托辩护人的，人民法院、人民检察院和公安机关应当通知法律援助机构指派律师为其提供辩护。

犯罪嫌疑人、被告人可能被判处无期徒刑、死刑，没有委托辩护人的，人民法院、人民检察院和公安机关应当通知法律援助机构指派律师为其提供辩护。

《最高人民法院、最高人民检察院、公安部、司法部关于刑事诉讼法律援助工作的规定》

第九条 犯罪嫌疑人、被告人具有下列情形之一没有委托辩护人的，公安机关、人民检察院、人民法院应当自发现该情形之日起3日内，通知所在地同级司法行政机关所属法律援助机构指派律师为其提供辩护：

（一）未成年人；

（二）盲、聋、哑人；

（三）尚未完全丧失辨认或者控制自己行为能力的精神病人；

（四）可能被判处无期徒刑、死刑的人。

举一反三

需要注意的是，只有犯罪嫌疑人、被告人为尚未完全丧失辨认或者控制自己行为能力的精神病人，人民法院、人民检察院和公安机关才应当通知法律援助机构指派律师作为辩护人。若犯罪嫌疑人、被告人为完全不能辨认或者不能控制自己行为时造成危害结果的精神病人，公安机关应当不予立案或者撤销案件、检察机关应当作出不起诉决定或者启动对依法不负刑事责任的精神病人的强制医疗程序、人民法院应当直接宣告被告人不负刑事责任，而无需通知法律援助机构指定辩护人。

四、刑事法律援助

18 法院是否应为没有委托辩护人的缺席审判的被告人指定辩护人？

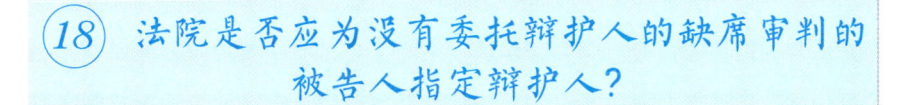

遇事

2008年，张某国利用担任某国有银行行长的职务便利贪污公款800余万元，收受贿赂1000余万元，并逐渐将赃款转移至国外，在事情败露前，张某国带妻子潜逃至国外。2021年，经过侦查、审查起诉，人民检察院以张某国犯贪污罪、受贿罪向人民法院提起公诉，并提请适用缺席审判程序。人民法院按照法律规定的程序和方式向张某国送达了传票和起诉书副本，但张某国并未回国受审，也未通过国内的近亲属委托辩护人。在这种情况下，人民法院是否应当为张某国指定辩护人？

说法

刑事缺席审判是指在犯罪嫌疑人、被告人本人不到庭的情况下，司法机关可以按照特别程序，依法起诉、审判，并在证据确凿的情况下，依法判决其是否有罪。2018年，我国《刑事诉讼法》修改时首次将缺席审判程序写入法典，《刑事诉讼法》第291条明确规定，对于贪污贿赂等犯罪案件，犯罪嫌疑人、被告人在境外，监察机关移送起诉，人民检察院认为犯罪事实已经查清，证据确实、充分，依法应当追究刑事责任的，可以向人民法院提起公诉。人民法院进行审查后，对于起诉书中有明确的指控犯罪事实，符合缺席审判程序适用条件的，应当决定开庭审判。缺席审判程序的确立具有划时代的意义，但随之产生的问题就是如何保障被告人的辩护权。为了解决这一问题，《刑事诉讼法》第293条规定，人民法院缺席审判案件，被告人有权委托辩护人，其近亲属也可以代为委托辩护人。如果被告人及其近亲属都没有委托辩护人的，人民法院应当通知法律援助机构指派律师担任辩护人。《法律援助法》

063

第25条第6项对上述规定予以回应和确认。因此，本案中的被告人张某国在收到人民法院的传票和起诉书副本后，未回国受审，法院决定缺席审判，张某国及其近亲属也未委托辩护人，法院有义务通知法律援助机构为其指定辩护人。

找法

《法律援助法》

第二十五条 刑事案件的犯罪嫌疑人、被告人属于下列人员之一，没有委托辩护人的，人民法院、人民检察院、公安机关应当通知法律援助机构指派律师担任辩护人：

（一）未成年人；

（二）视力、听力、言语残疾人；

（三）不能完全辨认自己行为的成年人；

（四）可能被判处无期徒刑、死刑的人；

（五）申请法律援助的死刑复核案件被告人；

（六）缺席审判案件的被告人；

（七）法律法规规定的其他人员。

其他适用普通程序审理的刑事案件，被告人没有委托辩护人的，人民法院可以通知法律援助机构指派律师担任辩护人。

《刑事诉讼法》

第二百九十一条第一款 对于贪污贿赂犯罪案件，以及需要及时进行审判，经最高人民检察院核准的严重危害国家安全犯罪、恐怖活动犯罪案件，犯罪嫌疑人、被告人在境外，监察机关、公安机关移送起诉，人民检察院认为犯罪事实已经查清，证据确实、充分，依法应当追究刑事责任的，可以向人民法院提起公诉。人民法院进行审查后，对于起诉书中有明确的指控犯罪事实，符合缺席审判程序适用条件的，应当决定开庭审判。

第二百九十三条 人民法院缺席审判案件，被告人有权委托辩护人，被告人的近亲属可以代为委托辩护人。被告人及其近亲属没有委托辩护人的，人民法院应当通知法律援助机构指派律师为其提供辩护。

举一反三

需要注意的是，适用缺席审判程序审理的案件，除了《刑事诉讼法》第291条规定的犯罪嫌疑人、被告人在境外的贪污贿赂案件和需要及时进行审判并经最高检核准的严重危害国家安全犯罪、恐怖活动犯罪案件外，还包括该法第296条规定的被告人患有严重疾病无法出庭，中止审理超过6个月，被告人仍无法出庭，被告人及其法定代理人、近亲属申请或者同意恢复审理的案件和第297条规定的被告人死亡但有证据证明被告人无罪的案件。在这些案件中，只要被告人及其近亲属没有委托辩护人的，人民法院都应当通知法律援助机构指派律师担任辩护人。当然，如果被告人有可能判处死刑或者无期徒刑的案件，指派的律师还必须为至少有3年执业经验的律师。

19 法院依职权提供法律援助是否以被告人没有委托辩护人为前提？

遇事

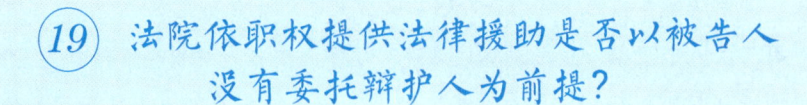

沈某大学毕业后进入法院工作，从书记员做起，后担任审判员，因专业能力突出，四十余年间先后担任副庭长、庭长、副院长和院长。2022年被举报，经监察委员会调查，沈某受贿数额高达8000余万元。移交检察机关审查起诉后，沈某委托自己从事律师的同学韩某某作为辩护人。就沈某的受贿数额而言，沈某可能被判处无期徒刑，检察院或者人民法院是否应当为其指定辩护人？

说法

根据《刑事诉讼法》第35条和《法律援助法》第25条的规定，司法机关依职权指定辩护人的，必须符合两个条件，一是犯罪嫌疑人、被告人的情况符合法律规定的"应当"指定辩护人的事实条件，如可能被判处无期徒刑或者死刑；具有法律规定的特殊情况等。二是犯罪嫌疑人、被告人没有委托辩护人。换言之，在犯罪嫌疑人、被告人没有委托辩护人的情况下，法律为了保护其辩护权，从诉讼能力对等性出发，要求司法机关必须指定援助律师作为其辩护人。我国《刑事诉讼法》第33条规定，被告人有辩护权，可以自行辩护，也可以委托律师进行辩护。如果被告人自行委托了辩护人，司法机关则应当尊重被告人对辩护人的选择权，控辩双方力量均衡，司法机关无需再为其另行指定援助律师。本案中的沈某已经委托其同学作为辩护人，检察院或者法院自然无需通知司法行政机关指派律师担任辩护人。

四、刑事法律援助

🔍 找法

《法律援助法》

第二十五条 刑事案件的犯罪嫌疑人、被告人属于下列人员之一，没有委托辩护人的，人民法院、人民检察院、公安机关应当通知法律援助机构指派律师担任辩护人：

（一）未成年人；

（二）视力、听力、言语残疾人；

（三）不能完全辨认自己行为的成年人；

（四）可能被判处无期徒刑、死刑的人；

（五）申请法律援助的死刑复核案件被告人；

（六）缺席审判案件的被告人；

（七）法律法规规定的其他人员。

其他适用普通程序审理的刑事案件，被告人没有委托辩护人的，人民法院可以通知法律援助机构指派律师担任辩护人。

《刑法》

第三百八十五条 国家工作人员利用职务上的便利，索取他人财物的，或者非法收受他人财物，为他人谋取利益的，是受贿罪。

国家工作人员在经济往来中，违反国家规定，收受各种名义的回扣、手续费，归个人所有的，以受贿论处。

《刑事诉讼法》

第三十五条第三款 犯罪嫌疑人、被告人可能被判处无期徒刑、死刑，没有委托辩护人的，人民法院、人民检察院和公安机关应当通知法律援助机构指派律师为其提供辩护。

《最高人民法院、最高人民检察院关于办理贪污贿赂刑事案件适用法律若干问题的解释》

第一条第一款 贪污或者受贿数额在三万元以上不满二十万元的,应当认定为刑法第三百八十三条第一款规定的"数额较大",依法判处三年以下有期徒刑或者拘役,并处罚金。

第二条第一款 贪污或者受贿数额在二十万元以上不满三百万元的,应当认定为刑法第三百八十三条第一款规定的"数额巨大",依法判处三年以上十年以下有期徒刑,并处罚金或者没收财产。

第三条第一款 贪污或者受贿数额在三百万元以上的,应当认定为刑法第三百八十三条第一款规定的"数额特别巨大",依法判处十年以上有期徒刑、无期徒刑或者死刑,并处罚金或者没收财产。

举一反三

应当注意:人民法院、人民检察院和公安机关在各自的诉讼阶段发现犯罪嫌疑人或者被告人属于法律规定的应当指定辩护人的,都应当履行职责。如果没有履行职责,根据《最高人民法院、最高人民检察院、公安部、司法部关于刑事诉讼法律援助工作的规定》第24条的规定,犯罪嫌疑人、被告人及其近亲属、法定代理人,强制医疗案件中的被申请人、被告人的法定代理人有权向同级或者上一级人民检察院申诉或者控告。人民检察院应当对申诉或者控告及时进行审查,情况属实的,通知有关机关予以纠正。

四、刑事法律援助

20 刑事自诉案件的自诉人能否申请法律援助？

遇事

张某与陈某是邻居，因张某改建自家房屋挡住了陈某西屋的窗户，影响了采光，陈某多次找张某协商要求其拆除，张某认为拆除已经建了一半的房屋损失太大，希望保持原状但同意给陈某一定补偿。因补偿数额达不成协议，双方争吵不休。在一次协商中，双方厮打在一起，张某将陈某打伤，经鉴定为轻伤。张某拒付医疗费，陈某欲提起刑事自诉，但苦于不懂法律，又因靠种地为生，收入微薄，也无能力聘请律师。根据上述情况，陈某能否获得法律援助？

说法

根据我国《刑事诉讼法》规定，刑事诉讼分为公诉和自诉两种方式。在公诉案件中，对抗双方在侦查阶段是公安机关和犯罪嫌疑人；在审查起诉和审判阶段是检察机关和被告人，因为控辩双方的力量悬殊，法律援助更为关注为犯罪嫌疑人、被告人提供公共法律服务。但是在自诉案件中，对抗双方是自诉人（受害人）和被告人，双方的诉讼地位是平等的，因此只要符合法律规定的条件，自诉人和被告人均有资格获得法律援助。《最高人民法院、最高人民检察院、公安部、司法部关于刑事诉讼法律援助工作的规定》第3条和《法律援助法》第29条均规定了刑事自诉案件中的自诉人因经济困难没有委托诉讼代理人的，可以向法律援助机构申请法律援助。本案中，陈某被张某打成轻伤，陈某在掌握相关证据足以证明张某的伤害行为的情况下，可以提起刑事自诉。陈某是农民，靠种地为生，收入微薄，符合申请法律援助条件中的"经济困难"标准，可以向受理案件的人民法院所在地同级司法行政机关提出法律援助申请。

找法

《法律援助法》

第二条　本法所称法律援助，是国家建立的为经济困难公民和符合法定条件的其他当事人无偿提供法律咨询、代理、刑事辩护等法律服务的制度，是公共法律服务体系的组成部分。

第二十九条　刑事公诉案件的被害人及其法定代理人或者近亲属，刑事自诉案件的自诉人及其法定代理人，刑事附带民事诉讼案件的原告人及其法定代理人，因经济困难没有委托诉讼代理人的，可以向法律援助机构申请法律援助。

第四十一条　因经济困难申请法律援助的，申请人应当如实说明经济困难状况。

法律援助机构核查申请人的经济困难状况，可以通过信息共享查询，或者由申请人进行个人诚信承诺。

法律援助机构开展核查工作，有关部门、单位、村民委员会、居民委员会和个人应当予以配合。

《刑事诉讼法》

第二百一十条　自诉案件包括下列案件：

（一）告诉才处理的案件；

（二）被害人有证据证明的轻微刑事案件；

（三）被害人有证据证明对被告人侵犯自己人身、财产权利的行为应当依法追究刑事责任，而公安机关或者人民检察院不予追究被告人刑事责任的案件。

《最高人民法院、最高人民检察院、公安部、司法部关于刑事诉讼法律援助工作的规定》

第三条　公诉案件中的被害人及其法定代理人或者近亲属，自诉案件中

四、刑事法律援助

的自诉人及其法定代理人，因经济困难没有委托诉讼代理人的，可以向办理案件的人民检察院、人民法院所在地同级司法行政机关所属法律援助机构申请法律援助。

举一反三

需要注意的是，对于在申请法律援助时申请人是否必须提交经济困难证明，2022年1月1日起施行的《法律援助法》修改了《法律援助条例》中必须提交由申请人住所地的社区居委会或者村委会出具的困难证明的要求，只要求申请人"说明"经济困难情况，法律援助机构进行核查或者要求申请人出具诚信承诺即可。针对申请人的经济困难情况说明，法律援助机构可以根据信息共享查询或者向申请人所在的社区居委会、村委会进行核查，认为符合法律援助条件的，应当指派援助律师。《法律援助法》如此修正旨在以诚信机制和核查机制为申请人解绑，保障真正困难的人得到法律援助。

此外，申请人还需注意申请时应提交的材料，填写法律援助申请书、身份证明和基本案件事实材料，用以证明自己的身份以及与他人存在法律纠纷的事实。

21 刑事公诉案件的被害人能否申请法律援助？

遇事

周某家住11楼，为人懒惰，经常向楼下扔垃圾，多次被物业上门警告。2022年1月10日上午8点半左右，周某看四下无人又将一袋子垃圾从窗户扔下去。垃圾刚好砸到从单元门里走出来打扫卫生的物业清洁工吴某头上。因垃圾袋内有两个空酒瓶和一瓶过期酱油，造成吴某当场昏迷，住院治疗一个多月，后被诊断为颅脑损伤，经鉴定伤残等级为七级。吴某是某小区物业雇用的清洁工，每月工资1800元，妻子刘某同为小区清洁工，每月工资1700元。在物业的帮助下，刘某多次找到周某家属要求支付医疗费，均被周某家属拒绝，并且吴某住院治疗花光了家里的所有积蓄。后周某被以危险方法危害公共安全罪提起公诉。作为本案的被害人，吴某可否申请法律援助帮助其参与诉讼？

说法

刑事公诉案件中，被害人是遭受犯罪行为侵害的人，具有相对独立的诉讼地位，除了应当如实向司法机关陈述案件事实，提供相关证据外，还有权提起刑事附带民事诉讼，要求被告人因犯罪行为对自己造成的伤害给予物质赔偿。根据《法律援助法》第29条的规定，刑事公诉案件中经济困难的被害人可以享受公共法律服务，申请并获得法律援助。若因遭受伤害，被害人无法亲自提出申请的，可以由其法定代理人或者近亲属代为申请。因此，吴某作为本案的被害人可以申请法律援助，其经济状况符合申请法律援助条件中的"经济困难"标准，法律援助机构应当依法为其指定代理人。吴某因受伤致残身体活动能力受限，若无法申请法律援助，其妻子或者成年子女可以代为申请。

🔍 找法

《法律援助法》

第二条 本法所称法律援助,是国家建立的为经济困难公民和符合法定条件的其他当事人无偿提供法律咨询、代理、刑事辩护等法律服务的制度,是公共法律服务体系的组成部分。

第二十九条 刑事公诉案件的被害人及其法定代理人或者近亲属,刑事自诉案件的自诉人及其法定代理人,刑事附带民事诉讼案件的原告人及其法定代理人,因经济困难没有委托诉讼代理人的,可以向法律援助机构申请法律援助。

第四十三条 法律援助机构应当自收到法律援助申请之日起七日内进行审查,作出是否给予法律援助的决定。决定给予法律援助的,应当自作出决定之日起三日内指派法律援助人员为受援人提供法律援助;决定不给予法律援助的,应当书面告知申请人,并说明理由。

申请人提交的申请材料不齐全的,法律援助机构应当一次性告知申请人需要补充的材料或者要求申请人作出说明。申请人未按要求补充材料或者作出说明的,视为撤回申请。

《最高人民法院、最高人民检察院、公安部、司法部关于刑事诉讼法律援助工作的规定》

第三条 公诉案件中的被害人及其法定代理人或者近亲属,自诉案件中的自诉人及其法定代理人,因经济困难没有委托诉讼代理人的,可以向办理案件的人民检察院、人民法院所在地同级司法行政机关所属法律援助机构申请法律援助。

举一反三

需要注意的是,诉讼案件中的当事人应当向办理案件的人民法院、人民检察院和公安机关所在地同级司法行政机关提出法律援助申请,如本案由某区人民检察院向某区人民法院提起公诉,吴某就可以向某区司法局法律援助中心申请法律援助。向法律援助机构提出法律援助申请时,应当实事求是说明自己的经济状况,不能为了获得国家提供的免费法律服务而弄虚作假。因提供虚假的经济困难证明而获得法律援助的,一经发现,法律援助机构会终止法律援助。法律援助律师发现虚假情况,应当及时向法律援助机构报告。

四、刑事法律援助

22 值班律师是否应当为犯罪嫌疑人或者被告人提供法律援助？

遇事

2022年6月1日9时许，被告人贺某某回家的途中，路过高某某的家门口，便进入其家中。贺某某见高某某一个人在家，便提出要与高某某发生性关系，在遭到高某某的拒绝后，强行对高某某进行搂抱、乱摸、探捏，后拽掉高某某的内裤，发现高某某在例假期间，且高某某开始给其丈夫打电话，便离开了高某某家。后高某某向公安局报案。2022年6月2日，贺某某因涉嫌犯强奸罪被公安局依法刑事拘留。拘留期间，贺某某未委托辩护人，但其多次想就涉嫌强奸的相关问题进行法律咨询。这种情况下，看守所的值班律师能否为其提供法律援助？

说法

根据《刑事诉讼法》第36条和《法律援助法》第14条规定，法律援助机构可以在人民法院、人民检察院和看守所等场所派驻值班律师，依法为没有辩护人的犯罪嫌疑人、被告人提供法律援助。《法律援助值班律师工作办法》第2条对"值班律师"作出了解释，值班律师是指法律援助机构在看守所、人民检察院、人民法院等场所设立法律援助工作站，通过派驻或者安排的方式，无偿为没有辩护人的犯罪嫌疑人、被告人提供法律帮助的律师。根据上述法律规定，在刑事诉讼的侦查、起诉、审判的任一阶段，只要犯罪嫌疑人、被告人没有委托辩护人或者法律援助机构没有为其指定辩护人，都可以从值班律师处获得法律援助。本案中，犯罪嫌疑人贺某某没有委托辩护人，也没有通过法律援助路径获得指定辩护人，因此，贺某某表达咨询意愿后，看守所应当安排值班律师会见，为其提供法律帮助。

找法

《法律援助法》

第十四条　法律援助机构可以在人民法院、人民检察院和看守所等场所派驻值班律师,依法为没有辩护人的犯罪嫌疑人、被告人提供法律援助。

第二十二条　法律援助机构可以组织法律援助人员依法提供下列形式的法律援助服务:

(一)法律咨询;

(二)代拟法律文书;

(三)刑事辩护与代理;

(四)民事案件、行政案件、国家赔偿案件的诉讼代理及非诉讼代理;

(五)值班律师法律帮助;

(六)劳动争议调解与仲裁代理;

(七)法律、法规、规章规定的其他形式。

第三十条　值班律师应当依法为没有辩护人的犯罪嫌疑人、被告人提供法律咨询、程序选择建议、申请变更强制措施、对案件处理提出意见等法律帮助。

第三十七条　人民法院、人民检察院、公安机关应当保障值班律师依法提供法律帮助,告知没有辩护人的犯罪嫌疑人、被告人有权约见值班律师,并依法为值班律师了解案件有关情况、阅卷、会见等提供便利。

第三十九条　被羁押的犯罪嫌疑人、被告人、服刑人员,以及强制隔离戒毒人员等提出法律援助申请的,办案机关、监管场所应当在二十四小时内将申请转交法律援助机构。

犯罪嫌疑人、被告人通过值班律师提出代理、刑事辩护等法律援助申请的,值班律师应当在二十四小时内将申请转交法律援助机构。

《刑事诉讼法》

第三十六条第一款　法律援助机构可以在人民法院、看守所等场所派驻

四、刑事法律援助

值班律师。犯罪嫌疑人、被告人没有委托辩护人，法律援助机构没有指派律师为其提供辩护的，由值班律师为犯罪嫌疑人、被告人提供法律咨询、程序选择建议、申请变更强制措施、对案件处理提出意见等法律帮助。

举一反三

需要注意的是，值班律师提供的法律援助为法律帮助，包括法律咨询、程序选择建议、申请变更强制措施、对案件处理提出意见等，但并不当然包括代理、刑事辩护。代理、刑事辩护需由法律援助机构指派律师。如果犯罪嫌疑人、被告人提出代理或者刑事辩护请求的，值班律师可以告知其自行委托辩护人，符合法律援助条件的，可以帮助其向法律援助机构提出申请。

遇事找**法** 公民法律援助一站式法律指引

㉓ 犯罪嫌疑人或者被告人可以拒绝法律援助机构指派的律师吗？

遇事

扫一扫，听案情

你涉嫌盗窃，请跟我们走一趟。

我是法律援助中心为您指派的律师。

我不想让陈律师为我辩护，我想自行辩护，可以吗？

四、刑事法律援助

说法

根据《最高人民法院、最高人民检察院、公安部、司法部关于刑事诉讼法律援助工作的规定》第15条、《最高人民法院关于适用〈中华人民共和国刑事诉讼法〉的解释》第50条的规定,对于依申请提供法律援助的案件,犯罪嫌疑人、被告人坚持自己辩护,拒绝法律援助机构指派的律师为其辩护的,法律援助机构应当准许,并作出终止法律援助的决定;对于有正当理由要求更换律师的,法律援助机构应当另行指派律师为其提供辩护。法律之所以作出如此规定,是因为法律赋予了犯罪嫌疑人、被告人辩护权,究竟是自行行使辩护权还是委托他人辩护完全由犯罪嫌疑人、被告人自行决定。犯罪嫌疑人、被告人拒绝了法律援助机构指派的律师,坚持自行辩护的,不违反法律规定,法律援助机构不能禁止。但是如果是法律规定的指定辩护的情况,犯罪嫌疑人、被告人拒绝援助律师的,法律援助机构应当另行指派援助律师,对于自行辩护的请求不能允许。本案中,欧某实施了盗窃他人财物9000余元的行为,虽然属于累犯,但不是法律规定必须指定辩护人的情况,因此其拒绝法律援助律师,坚持自行辩护符合法律规定,应当允许。

找法

《最高人民法院、最高人民检察院、公安部、司法部关于刑事诉讼法律援助工作的规定》

第十五条第一款 对于依申请提供法律援助的案件,犯罪嫌疑人、被告人坚持自己辩护,拒绝法律援助机构指派的律师为其辩护的,法律援助机构应当准许,并作出终止法律援助的决定;对于有正当理由要求更换律师的,法律援助机构应当另行指派律师为其提供辩护。

《最高人民法院关于适用〈中华人民共和国刑事诉讼法〉的解释》

第五十条第一款 被告人拒绝法律援助机构指派的律师为其辩护,坚持自己行使辩护权的，人民法院应当准许。

第三百一十一条第二款 被告人当庭拒绝辩护人辩护，要求另行委托辩护人或者指派律师的，合议庭应当准许。被告人拒绝辩护人辩护后，没有辩护人的，应当宣布休庭；仍有辩护人的，庭审可以继续进行。

举一反三

需要注意的是，根据法律规定，法庭上，被告人拒绝法律援助机构指派律师为其提供辩护的，总结归纳为以下4种不同情形：

1. 被告人自行辩护的（应当提供法律援助情形的除外），应予准许。

2. 被告人申请法律援助机构另行指派律师提供辩护的，合议庭应当准许。被告人可以向法律援助机构提出申请，对符合法律援助条件的，法律援助机构应当另行指派律师为其提供辩护。

3. 对于盲、聋、哑人；尚未完全丧失辨认或者控制自己行为能力的精神病人；可能被判处无期徒刑、死刑的人；审判时不满18周岁的未成年的被告人，重新开庭后，被告人及其法定代理人再次当庭拒绝法律援助机构指派律师提供辩护的，合议庭应当不予准许。

对于不具有上述4种情形的被告人，重新开庭后，被告人再次当庭拒绝法律援助机构指派律师提供辩护的，坚持自行辩护的，合议庭可以准许，但被告人不得再次委托辩护人或者申请法律援助机构指派律师为其提供辩护，由被告人自行辩护。

4. 有多名被告人的案件，部分被告人拒绝法律援助机构指派律师提供辩护后，仍有辩护人的，审判长可以听取被告人的意见，决定是否继续法庭审理。没有辩护人的，除被告人坚持自行辩护的（应当提供法律援助情形的除外），合议庭可以根据案件情况，对该被告人另案处理，对其他被告人的法庭审理活动继续进行，或者宣布休庭，被告人另行委托辩护人或者申请法律援助机构指派律师为其提供辩护。

四、刑事法律援助

24 被告人没有委托辩护人，其近亲属能否为其申请法律援助？

遇事

2021年9月28日22时许，被告人刘某酒后因工作矛盾与付某发生纠纷进而互殴。打斗过程中，刘某从厨房拿来菜刀，将被害人付某头部、手部砍伤。经鉴定：1.付某颅骨凹陷性骨折、脑挫裂伤、颅内血肿，分别为轻伤一级；2.付某头左顶枕部、头右顶枕部、头右颞顶部两处裂创及低血容量性休克，分别为轻伤二级；3.付某右手拇指裂创，为轻微伤；4.付某损伤致伤物及致伤方式为他人持锐器（如菜刀类），暴力砍击所致。案发后被告人刘某赔偿了被害人损失，取得了被害人的谅解。

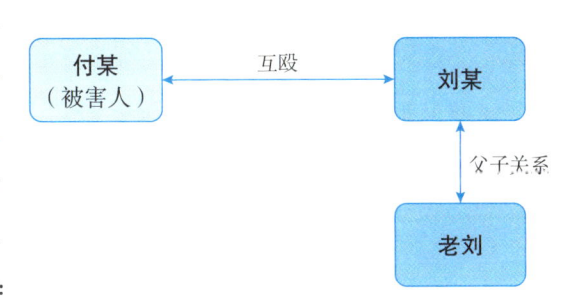

区检察院认为，被告人刘某故意伤害他人身体致人轻伤，应当以故意伤害罪追究其刑事责任。被告人刘某的父亲老刘得知儿子的情况，心急如焚，想为儿子聘请律师，但又无力支付律师费，老刘能否向区法律援助机构申请法律援助？

说法

根据《法律援助法》第24条规定，刑事案件的犯罪嫌疑人、被告人因经济困难或者其他原因没有委托辩护人的，本人及其近亲属可以向法律援助机构申请法律援助。该法第40条第2款进一步规定，被羁押的犯罪嫌疑人、被告人，因被限制人身自由，可以由法定代理人或者近亲属代为申请法律援助。本案中，刘某家境贫寒，其虽有工作，但收入较低，确实无力聘请律师。

081

刘某父亲可以近亲属身份为刘某申请法律援助。

找法

《法律援助法》

第二十四条 刑事案件的犯罪嫌疑人、被告人因经济困难或者其他原因没有委托辩护人的，本人及其近亲属可以向法律援助机构申请法律援助。

第四十条第二款 被羁押的犯罪嫌疑人、被告人、服刑人员，以及强制隔离戒毒人员，可以由其法定代理人或者近亲属代为提出法律援助申请。

《刑法》

第二百三十四条第一款 故意伤害他人身体的，处三年以下有期徒刑、拘役或者管制。

《刑事诉讼法》

第一百零八条 本法下列用语的含意是：

……

（六）"近亲属"指夫、妻、父、母、子、女、同胞兄弟姊妹。

举一反三

根据《法律援助法》的规定，被羁押的犯罪嫌疑人、被告人、服刑人员，以及强制隔离戒毒人员无法亲自提出法律援助申请的，可以由其近亲属代为向法律援助机构提出申请。根据《刑事诉讼法》第108条之规定，刑事诉讼法律援助中的"近亲属"是指夫、妻、父、母、子、女、同胞兄弟姐妹。如果被羁押的犯罪嫌疑人、被告人、服刑人员，以及强制隔离戒毒人员等向办案机关、监管场所提出法律援助申请的，办案机关、监管场所应当在24小时内将申请转交法律援助机构。犯罪嫌疑人、被告人通过值班律师提出代理、刑事辩护等法律援助申请的，值班律师应当在24小时内将申请转交法律援助机构。

2017年最高人民法院与司法部联合推进刑事辩护全覆盖试点工作，如案件中刘某的情况，在有些地区人民法院会直接通知司法机关委派援助律师，但因为刑事辩护全覆盖是最高人民法院与司法部联合开展的，因此全面委派律师也只是在审判阶段，除法律规定的情况，在侦查和审查起诉阶段依然需要犯罪嫌疑人提出申请。

25 再审改判无罪后，当事人如何获得法律援助？

遇事

老梁非常有经商头脑，下海经商获得了第一桶金，之后不断扩大再生产建立了自己的公司，在经营过程中，因经营理念不同与合伙人老李产生矛盾。1996年10月11日，两人又因合同订单的问题大吵一架，当晚老李在公司被害身亡，老梁作为犯罪嫌疑人被逮捕，后被以故意杀人罪判处死缓，减刑后改为无期徒刑。在服刑期间，老梁不断申诉，2021年12月，最高人民法院决定对该案进行再审，经过再审，认为原判事实不清，证据不足，宣告老梁无罪。当25年后老梁走出监狱的时候，已经是一个两鬓斑白，背脊佝偻的65岁老人了。唯一值得欣慰的是，老梁的儿子小梁也如父亲一般具有经商头脑，在老梁服刑期间，将公司不断扩大，并成功上市。老梁被释放后，与儿子小梁一起经营公司，收入颇丰。老梁对自己的遭遇耿耿于怀，想要通过法律援助请求国家赔偿，小梁说：你每年收入近千万，根本不符合法律援助的条件。小梁的说法是否正确？

说法

相较于《法律援助条例》，《法律援助法》通过第31条细化并扩大了因"经济困难"可以申请法律援助的事项，而且增加了不受经济困难限制的法律援助事项以及不予核查经济状况的法律援助事项。第32条第3项"再审改判无罪请求国家赔偿"的，在申请法律援助时不受经济困难条件限制。法律之所以作如此规定是为了弥补司法给无罪的人带来的伤害，也是增强人民群众法治获得感的必然要求，对于更好地保障公民合法权益、维护社会公平正义具有重要意义。显然，本案中的小梁的说法并不正确。虽然老梁经济收入高，不符合"经济困难"的条件，但根据《法律援助法》的规定，依然可以申请法律援助。

四、刑事法律援助

找法

《法律援助法》

第三十二条 有下列情形之一，当事人申请法律援助的，不受经济困难条件的限制：

（一）英雄烈士近亲属为维护英雄烈士的人格权益；

（二）因见义勇为行为主张相关民事权益；

（三）再审改判无罪请求国家赔偿；

（四）遭受虐待、遗弃或者家庭暴力的受害人主张相关权益；

（五）法律、法规、规章规定的其他情形。

《法律援助条例》

第十条第一款 公民对下列需要代理的事项，因经济困难没有委托代理人的，可以向法律援助机构申请法律援助：

（一）依法请求国家赔偿的；

（二）请求给予社会保险待遇或者最低生活保障待遇的；

（三）请求发给抚恤金、救济金的；

（四）请求给付赡养费、抚养费、扶养费的；

（五）请求支付劳动报酬的；

（六）主张因见义勇为行为产生的民事权益的。

举一反三

需要注意的是，虽然《法律援助法》第32条第3项规定的"再审改判无罪请求国家赔偿"的不以经济困难为申请条件，但并非所有请求国家赔偿的法律援助都不受经济困难条件的限制，该法第31条第1

项规定的可以申请法律援助的事项，即"依法请求国家赔偿的"，必须满足"经济困难"的条件。换言之，因请求国家赔偿而申请法律援助的，除了第32条第3项"再审改判无罪"的外，都需要满足"经济困难"的条件。

此外，根据《国家赔偿法》的规定，再审改判无罪的，作出原生效判决的人民法院为赔偿义务机关。赔偿请求人对赔偿的方式、项目、数额有异议的，或者赔偿义务机关作出不予赔偿决定的，赔偿请求人可以向赔偿义务机关的上一级机关申请复议。受害人有获得赔偿的权利。依照审判监督程序再审改判无罪，原判刑罚已经执行，对受害人造成了人身损害的，受害人可以申请国家赔偿。如果原裁判判处了罚金或者没收财产，并已经执行的，受害人可以要求返还。

四、刑事法律援助

26 死刑复核案件的被告人能否申请法律援助？

遇事

封某与邻居赵某因琐事一直不和，时常会发生争执，甚至有几次大打出手，村委会为此多次对二人进行调解，但二人的关系一直没有改观。2021年1月6日，赵某开拖拉机无意间压坏了封某地里的秧苗，封某的儿子即与赵某扭打在一起，封某刚好到地里来干活，发现自己的儿子被赵某压在身下，封某立刻冲上去，手持锄头照着赵某的头部猛击数下，导致赵某当场死亡。案件经过审理，一审法院认为封某犯故意杀人罪，判处死刑立即执行。封某不服，上诉后，二审法院维持原判。封某申请再审，再审后发回重审，经过重审依然判处死刑立即执行。死刑复核期间，封某无力支付律师费，想申请法律援助，不知道自己是否符合条件？

说法

死刑是剥夺犯罪人生命的刑罚方法。根据《法律援助法》的规定，犯罪嫌疑人、被告人在侦查、审查起诉和审判的各个阶段都可以申请法律援助。该法第25条第1款规定，刑事案件的犯罪嫌疑人、被告人属于申请法律援助的死刑复核案件被告人，没有委托辩护人的，人民法院、人民检察院、公安机关应当通知法律援助机构指派律师担任辩护人。从此款规定来看，死刑复核程序中被告人具有申请法律援助的资格，而当被告人申请法律援助时，人民法院有义务通知法律援助机构指派律师进行辩护。最高人民法院、司法部制定的《关于为死刑复核案件被告人依法提供法律援助的规定（试行）》第1条也明确规定，"最高人民法院复核死刑案件，被告人申请法律援助的，应当通知司法部法律援助中心指派律师为其提供辩护"。由上述规定可知，本案中的封某可以在死刑复核程序中申请法律援助，由最高人民法院通知司法部为其指定律师进行辩护。

找法

《法律援助法》

第二十五条 刑事案件的犯罪嫌疑人、被告人属于下列人员之一，没有委托辩护人的，人民法院、人民检察院、公安机关应当通知法律援助机构指派律师担任辩护人：

（一）未成年人；

（二）视力、听力、言语残疾人；

（三）不能完全辨认自己行为的成年人；

（四）可能被判处无期徒刑、死刑的人；

（五）申请法律援助的死刑复核案件被告人；

（六）缺席审判案件的被告人；

（七）法律法规规定的其他人员。

其他适用普通程序审理的刑事案件，被告人没有委托辩护人的，人民法院可以通知法律援助机构指派律师担任辩护人。

《最高人民法院、司法部关于为死刑复核案件被告人依法提供法律援助的规定（试行）》

第一条 最高人民法院复核死刑案件，被告人申请法律援助的，应当通知司法部法律援助中心指派律师为其提供辩护。

法律援助通知书应当写明被告人姓名、案由、提供法律援助的理由和依据、案件审判庭和联系方式，并附二审或者高级人民法院复核审裁判文书。

第二条 高级人民法院在向被告人送达依法作出的死刑裁判文书时，应当书面告知其在最高人民法院复核死刑阶段可以委托辩护律师，也可以申请法律援助；被告人申请法律援助的，应当在十日内提出，法律援助申请书应当随案移送。

四、刑事法律援助

举一反三

需要注意的是，高级人民法院在向被告人送达依法作出的死刑裁判文书时，会书面告知其在最高人民法院死刑复核阶段可以委托辩护律师，也可以申请法律援助；被告人申请法律援助的，应当在10日内提出，法律援助申请书会随案移送。最高人民法院根据被告人的申请，通知司法部指派律师进行辩护。法律援助机构应当指派具有3年以上相关执业经历的律师担任辩护人。这是因为，死刑关涉被告人的生命权，需要有一定办案经验和知识储备的律师承办，才能更好地维护被告人的合法权益。

27 被告人可能被判处死刑的，司法机关是否应当提供法律援助？

遇事

钱某的父母原本为学校教师，后来下海经商创立企业，家庭富足。钱某为家中独子，因父母忙于生意，对他疏于管教，只用金钱弥补缺失的亲情。钱某高中毕业后就不再读书，每日游手好闲，吃喝玩乐。钱某22岁生日当天，约了一帮朋友在饭店庆祝。其间，钱某与马某发生口角，二人争吵了几句，马某听从邻座朋友刘某的劝说不再说话，但钱某突然起身趁马某不备，用破碎的酒瓶用力扎在马某的胸部，刺破马某心脏，导致马某当场死亡。案发后，钱某被逮捕。钱某的父母对他失望至极，并没有为其聘请律师。钱某向值班律师咨询自己是否可以申请法律援助。根据本案情况，钱某是否能够获得法律援助？

说法

根据《刑事诉讼法》第35条和《法律援助法》第25条的规定，在刑事案件中，当犯罪嫌疑人或者被告人可能被判处死刑，没有委托辩护人的，人民法院、人民检察院、公安机关应当通知法律援助机构指派律师担任辩护人。对于这一规定的执行，最关键的是如何判断"可能判处死刑"。根据我国司法实践，判断的主体只能是人民法院、人民检察院或者公安机关。应当注意的是，上述机关在案件办理过程中只能根据现有事实和证据材料与法律规定的涵摄情况进行初步判断，因此"可能"判处死刑只是对判决结果的一种可能性和预测性，而不是最终的判决结果。如果司法机关认为犯罪嫌疑人或者被告人可能判处死刑的，在其没有委托辩护人的情况下，就应当为其指定辩护人。本案中，犯罪嫌疑人钱某因与被害人马某发生口角，故意用碎酒瓶扎中马某心脏，造成马某死亡，涉嫌故意杀人罪，按照《刑法》第232条的规定，可能判处死刑。公安机关审查后应当通知法律援助机构为其指定辩护人。

找法

《法律援助法》

第二十五条　刑事案件的犯罪嫌疑人、被告人属于下列人员之一，没有委托辩护人的，人民法院、人民检察院、公安机关应当通知法律援助机构指派律师担任辩护人：

（一）未成年人；

（二）视力、听力、言语残疾人；

（三）不能完全辨认自己行为的成年人；

（四）可能被判处无期徒刑、死刑的人；

（五）申请法律援助的死刑复核案件被告人；

（六）缺席审判案件的被告人；

（七）法律法规规定的其他人员。

其他适用普通程序审理的刑事案件，被告人没有委托辩护人的，人民法院可以通知法律援助机构指派律师担任辩护人。

第三十六条　人民法院、人民检察院、公安机关办理刑事案件，发现有本法第二十五条第一款、第二十八条规定情形的，应当在三日内通知法律援助机构指派律师。法律援助机构收到通知后，应当在三日内指派律师并通知人民法院、人民检察院、公安机关。

《刑事诉讼法》

第三十五条第二款　犯罪嫌疑人、被告人可能被判处无期徒刑、死刑，没有委托辩护人的，人民法院、人民检察院和公安机关应当通知法律援助机构指派律师为其提供辩护。

《刑法》

第二百三十二条 故意杀人的，处死刑、无期徒刑或者十年以上有期徒刑；情节较轻的，处三年以上十年以下有期徒刑。

举一反三

需要注意的是，对于可能被判处死刑而没有委托辩护人的犯罪嫌疑人、被告人，司法机关依照法律援助制度为其指定辩护人的，不以经济困难为条件。换言之，无论其经济状况如何，只要司法机关认为可能判处死刑的，都需要履行指定辩护之责。

此外，根据《刑事诉讼法》第35条第3款以及《法律援助法》第24条的规定，除了对可能判处死刑的犯罪嫌疑人、被告人，司法机关可以依职权指定辩护人外，对于可能判处无期徒刑的犯罪嫌疑人、被告人，当其没有自行委托辩护人时，司法机关也应当通知司法行政机关为其指定辩护人，并且应当指派具有3年以上相关执业经历的律师担任辩护人。法律之所以这样规定，主要是考虑到在犯罪嫌疑人、被告人面临重刑情况下控辩双方之间的力量均衡，充分保障犯罪嫌疑人、被告人的合法权益，具有一定执业经历的律师在刑事辩护方面更有经验和专业基础，能够更好地保护犯罪嫌疑人、被告人的权益。

五

军人、退役军人、军属法律援助

五、军人、退役军人、军属法律援助

28 现役军人因房屋买卖发生纠纷能否申请法律援助？

遇事

王某是一名现役军人，于2022年1月准备购置一套婚房。因王某在部队服役，未婚妻工作也很忙，双方没有时间亲自装修婚房，于是二人决定购买一套装修好的房子。王某与房产中介说明了需求和房屋装修风格。1月底，在中介的介绍下，王某看中了一套地理位置很满意的房屋，只是房屋还未完成装修，但由于王某即将返回部队，没有时间再继续看房，于是就与房屋的产权人李某签订了房屋买卖合同，其中约定李某要按照王某的要求完成房屋剩余的装修工作，主要包括房屋的水电线路及木质地板铺设工作，并约定等王某回来验收合格后再支付房屋尾款。2022年6月，王某休假回家前往新房进行验收，却发现房屋木质地板铺设存在重大质量问题，水电线路也未按照设计施工效果图进行安装，将会影响入住后的正常使用。王某将上述验收情况通知李某，拒绝支付尾款，并要求李某赔偿违约金2万元。李某认为王某要求不合理，拒绝支付违约金，双方经过几番协商始终没有达成统一意见。王某欲起诉李某，但由于前期支付的部分房款已经花光了所有积蓄，尾款也是从亲朋好友处的借款，实在无力支付诉讼费和律师费。于是王某选择来到法律援助中心，希望寻求法律援助。根据该案情形，不知王某能否获得法律援助？

说法

《军人军属法律援助工作实施办法》（以下简称《实施办法》）第16条规定，军人在符合经济困难条件下，因房屋买卖与他人发生纠纷的，有关机关应当提供法律援助。各省市认定家庭经济困难条件的标准各有差异，有的地方将标准放宽为最低工资标准的2倍至3倍，有的地方直接将军人军属全部纳入法律援助范围，具体情况以所在省市的相关规定为准。本案中，王某为现役军人，因买房倾尽所有，经济拮据，无力委托代理人，符合法律援助的主体和经济条件，依法应当获得法律援助。根据《实施办法》第17条的规定，王某申请法律援助，应当提交有关部门制发的证件或者军队单位开具的身份证明等表明军人身份的材料。针对军人军属的法律援助申请，法律援助机构免予核查经济困难状况。

找法

《军人军属法律援助工作实施办法》

第十六条　军人军属对下列事项，因经济困难没有委托代理人的，可以向法律援助机构申请法律援助：

（一）涉及侵害军人名誉纠纷的；

（二）请求给予优抚待遇的；

（三）涉及军人婚姻家庭纠纷的；

（四）人身伤害案件造成人身损害或者财产损失请求赔偿的；

（五）涉及房屋买卖纠纷、房屋租赁纠纷、拆迁安置补偿纠纷的；

（六）涉及农资产品质量纠纷、土地承包纠纷、宅基地纠纷以及保险赔付的；

（七）《中华人民共和国法律援助法》规定的法律援助事项范围或者法律、法规、规章规定的其他情形。

第十七条　军人军属申请法律援助，应当提交下列申请材料，法律援助机构免予核查经济困难状况：

（一）有关部门制发的证件、证明军人军属关系的户籍材料或者军队单位开具的身份证明等表明军人军属身份的材料；

（二）法律援助申请表；

（三）经济困难状况说明表；

五、军人、退役军人、军属法律援助

（四）与所申请法律援助事项有关的案件材料。

举一反三

需要注意的是，《实施办法》所称军人，是指在中国人民解放军服现役的军官、军士、义务兵等人员。军属，是指军人的配偶、父母（扶养人）、未成年子女、不能独立生活的成年子女。由此可见，军人的能够独立生活的成年子女不属于《实施办法》所称军属，申请法律援助时不能适用本办法。此外，根据《实施办法》，各地法律援助机构都为军人军属申请法律援助开通了绿色通道，军人军属申请法律援助遵循三优原则，即优先受理、优先审查、优先指派。符合条件的也可以先行提供法律援助，事后补充材料、补办手续。此外，有伤病残等特殊困难的军人军属，还可以通过网上申请、电话申请、邮寄申请、上门受理等便利的方式申请法律援助。

29 退役军人为维护权益如何申请法律援助?

遇事

1999年10月,刘某自某部队转业,根据安排,入职了甲企业。2005年8月9日,刘某在工作中因公受伤,高位截瘫,生活完全不能自理。当时单位考虑到刘某为工伤,因此作出决定,为刘某聘请护理人员,并承担护理费用,护理期限以刘某需要为准,护理费用随着市场变化进行调整。2020年,护理费用已经涨至每月3500元。2020年6月,因发展需要,甲企业与乙企业合并重组,成立丙企业。重组后,刘某的护理费如何支付一直没有得以解决。刘某受伤后,单位虽然给其发放工资,但较正常在职职工低很多;刘某的妻子因为照顾两个孩子,辞去固定工作,只能做一些零工,收入勉强维持家庭基本生活。因为丙企业拒付护理费,导致刘某一家生活艰难。根据本案情况,刘某如何获得法律援助?

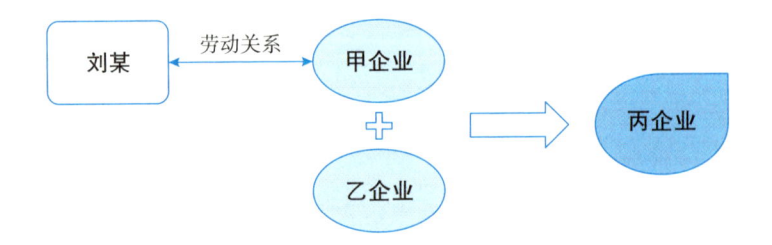

说法

退役军人,是指从中国人民解放军依法退出现役的军官、军士和义务兵等人员。退役军人为国防和军队建设做出了重要贡献,是社会主义现代化建设的重要力量。国家非常重视退役军人的权益保障,专门制定了《退役军人保障法》。为了更进一步保障退役军人在法律纠纷中的实体和诉讼权益,退役军人事务部、司法部联合印发了《关于加强退役军人法律援助工作的意

五、军人、退役军人、军属法律援助

见》，该意见提出："在法律援助法规定事项范围基础上，根据当地经济社会发展水平和退役军人法律援助实际需求，依法扩大退役军人法律援助覆盖面。有条件的地区，要将涉及退役军人切身利益的事项纳入法律援助范围，降低法律援助门槛，尽力使更多退役军人依法获得法律援助。"

由此，虽然刘某要求丙企业继续支付护理人员费用的事项并非《法律援助法》第31条明确规定的法律援助事项，但因该护理人员费用的发放直接影响了刘某及其家人的切身利益，根据上述意见，应当给予法律援助。刘某四口之家仅靠刘某及其妻子的微薄收入维持，生活艰难，也符合法律援助要求的经济困难条件。本案中，刘某高位截瘫，无法亲自申请，可由其妻子携带退役军人证及相关证据材料，如当年的医疗证明、单位同意终生支付护理费用的决定、发放费用的账户流水等，向当地法律援助机构提出申请。

找法

《法律援助法》

第三十一条 下列事项的当事人，因经济困难没有委托代理人的，可以向法律援助机构申请法律援助：

（一）依法请求国家赔偿；

（二）请求给予社会保险待遇或者社会救助；

（三）请求发给抚恤金；

（四）请求给付赡养费、抚养费、扶养费；

（五）请求确认劳动关系或者支付劳动报酬；

（六）请求认定公民无民事行为能力或者限制民事行为能力；

（七）请求工伤事故、交通事故、食品药品安全事故、医疗事故人身损害赔偿；

（八）请求环境污染、生态破坏损害赔偿；

（九）法律、法规、规章规定的其他情形。

第四十一条 因经济困难申请法律援助的，申请人应当如实说明经济困难状况。

法律援助机构核查申请人的经济困难状况，可以通过信息共享查询，或者由申请人进行个人诚信承诺。

法律援助机构开展核查工作，有关部门、单位、村民委员会、居民委员会和个人应当予以配合。

举一反三

应当注意的是，法律援助机构通常会根据工作需要在退役军人服务中心设立法律援助工作站，在乡镇、街道、农村和城市社区退役军人服务站设立法律援助联络点，方便退役军人就近提出申请；退役军人事务部门也会根据实际工作情况在退役军人服务中心（站）设立法律咨询窗口，为退役军人提供法律咨询、转交法律援助申请等服务。因此，退役军人应当加强与退役军人事务部门的联系，了解法律援助联络点或者工作站的设立情况，以及法律援助的条件和流程，也可以向专业人员进行法律咨询，获得专业帮助。

五、军人、退役军人、军属法律援助

30 现役军人家属为维护权益能否获得法律援助?

遇事

段某林夫妇共生育一子一女,儿子在大学期间应征入伍,成为一名义务兵,女儿正在上高中一年级。赣南一带脐橙非常受欢迎,当地政府也给予了相关政策扶持发展,段某林夫妇看到了商机,遂从当地农民手中流转了数百亩土地,贷款买树苗种脐橙。因女儿在县城中学住校,父母身体硬朗无需照料,段某林夫妇二人几乎将所有的时间和精力都放在种植脐橙上。第三年开始挂果时,为了取得丰收,段某林在王某纯的农用商品经销店购买了大量的化肥,但施肥后,已经挂的小果纷纷掉落,其他果树再也没有结果。段某林夫妇焦急万分,怀疑是化肥的原因,于是将剩余的化肥拿到县农林部门进行检测,发现是假化肥。段某林三年的辛苦颗粒无收,还有一大笔的银行贷款需要还,原本还算富足的家庭转眼间陷入危机。段某林找到王某纯要求赔偿,王某纯拒不承认自己的化肥有问题,段某林是个老实巴交的人,不知道下一步应该怎么办。段某林在部队服役的儿子听说后,让其申请法律援助。根据本案,段某林能否获得法律援助?

说法

现役军人家属(以下简称军属)是指军人的配偶、父母、子女和其他具有法定扶养关系的近亲属。为帮助现役军人免除后顾之忧,国家给予军属一些优待政策。《军人军属法律援助工作实施办法》(以下简称《实施办法》)明确了对军人军属实施法律援助的范围、程序和要求。《实施办法》第16条第7项的规定与《法律援助法》形成了有效衔接。根据该条第6项的规定,在符合经济困难条件下,针对军人军属与他人之间因农资产品质量引发的侵权纠纷,有关机关应当给予法律援助。本案中,段某林的儿子为现役军人,段某林为军属,符合法律援助的主体条件,且段某林一家因假化肥导致果树绝

101

收，家庭经济困难，符合法律援助的经济条件要求，应当给予法律援助。由于段某林的儿子属于义务兵，根据《实施办法》第18条的规定，段某林申请法律援助时，无需提交经济困难状况说明表。

找法

《法律援助法》

第三十一条 下列事项的当事人，因经济困难没有委托代理人的，可以向法律援助机构申请法律援助：

（一）依法请求国家赔偿；

（二）请求给予社会保险待遇或者社会救助；

（三）请求发给抚恤金；

（四）请求给付赡养费、抚养费、扶养费；

（五）请求确认劳动关系或者支付劳动报酬；

（六）请求认定公民无民事行为能力或者限制民事行为能力；

（七）请求工伤事故、交通事故、食品药品安全事故、医疗事故人身损害赔偿；

（八）请求环境污染、生态破坏损害赔偿；

（九）法律、法规、规章规定的其他情形。

第四十一条第一款 因经济困难申请法律援助的，申请人应当如实说明经济困难状况。

《军人军属法律援助工作实施办法》

第十六条 军人军属对下列事项，因经济困难没有委托代理人的，可以向法律援助机构申请法律援助：

（一）涉及侵害军人名誉纠纷的；

（二）请求给予优抚待遇的；

（三）涉及军人婚姻家庭纠纷的；

（四）人身伤害案件造成人身损害或者财产损失请求赔偿的；

（五）涉及房屋买卖纠纷、房屋租赁纠纷、拆迁安置补偿纠纷的；

（六）涉及农资产品质量纠纷、土地承包纠纷、宅基地纠纷以及保险赔付的；

（七）《中华人民共和国法律援助法》规定的法律援助事项范围或者法律、法规、规章规定的其他情形。

第十八条 下列人员申请法律援助的，无需提交经济困难状况说明表：

（一）义务兵、供给制学员及其军属；

（二）执行作战、重大非战争军事行动任务的军人及其军属；

（二）烈士、因公牺牲军人、病故军人的遗属。

举一反三

应当注意的是，修订后的《实施办法》进一步扩大了法律援助的事项范围，增加了涉及侵害军人名誉纠纷、房屋买卖纠纷、房屋租赁纠纷、拆迁安置补偿纠纷等事项，并将法律援助法中的"请求工伤事故、交通事故、食品药品安全事故、医疗事故人身损害赔偿"扩大至全部的人身伤害案件造成人身损害或者财产损失请求赔偿的事项。此外，针对执行作战、重大非战争军事行动任务的军人及其军属申请法律援助的，《实施办法》给予了更高层次的优待，根据其第23条规定，法律援助不受事项范围限制。而且要求法律援助机构应当指派具有3年以上相关执业经历的律师，为执行作战、重大非战争军事行动任务的军人及其军属提供法律援助。

六

妇女法律援助

六、妇女法律援助

31 妇女在遭受家庭暴力时，如何获得法律援助？

遇事

扫一扫，听案情

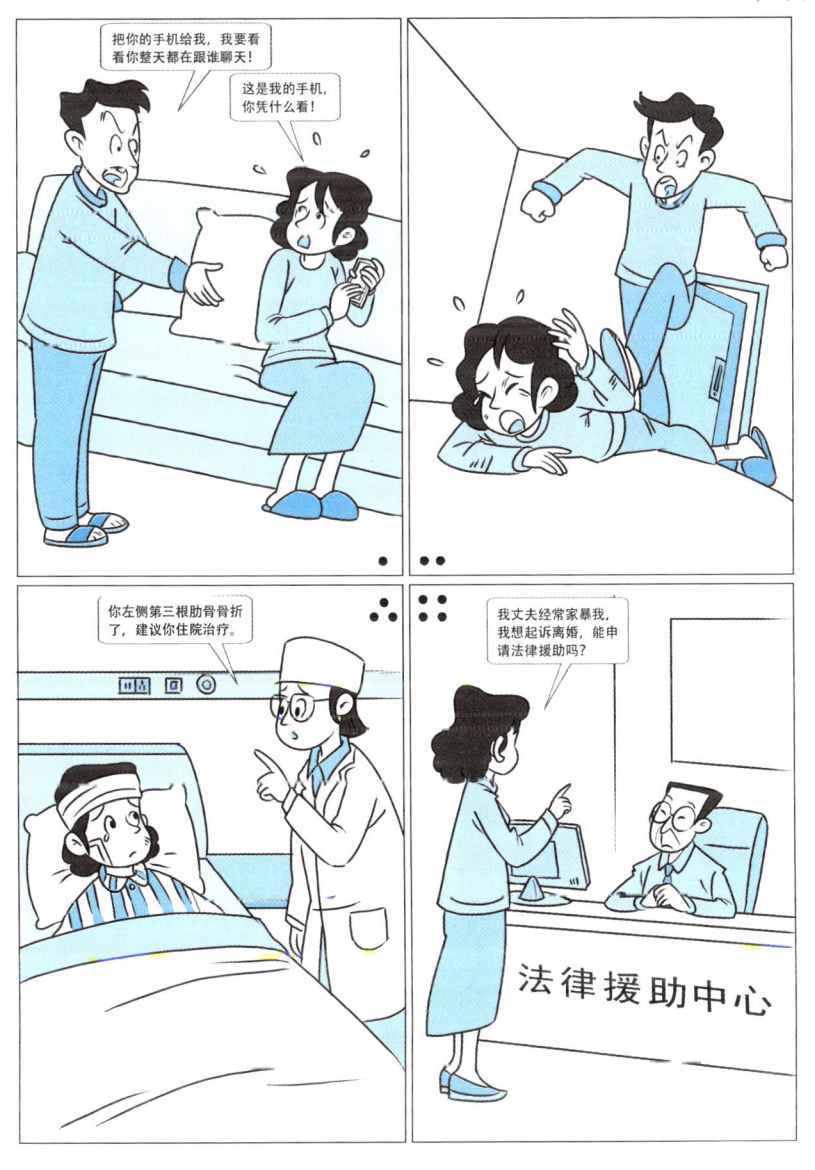

把你的手机给我，我要看看你整天都在跟谁聊天！

这是我的手机，你凭什么看！

你左侧第三根肋骨骨折了，建议你住院治疗。

我丈夫经常家暴我，我想起诉离婚，能申请法律援助吗？

法律援助中心

107

说法

为了抵制家庭暴力和保护受害人的合法权益，《反家庭暴力法》第19条明确规定，法律援助机构应当依法为家庭暴力受害人提供法律援助。《妇女权益保障法》第72条第3款也指明，对符合条件的妇女，当地法律援助机构或者司法机关应当给予帮助，依法为其提供法律援助或者司法救助。与上述法律规定相呼应，《法律援助法》第32条即规定，遭受家庭暴力的受害人主张相关权益可以申请法律援助，并强调这类受害人在申请法律援助时不需要具备"经济困难"这一前提条件。也就是说，受害人在申请法律援助时只需证明有遭受家庭暴力的事实，无需说明或者提交自己经济困难的证明即可获得法律援助。《法律援助法》之所以如此规定，是因为遭受家庭暴力的受害人在家庭关系中处于弱势地位，维权能力较差，长期遭受家庭暴力的人甚至会产生受虐妇女综合征，丧失求助意识，若在申请法律援助的条件上增加"经济困难"，不利于对遭受家庭暴力受害人的权利保护。

本案中，刘女士的丈夫因性格原因猜忌刘女士对家庭不忠诚而经常殴打刘女士，这种行为已经构成了《反家庭暴力法》中的家庭暴力。因此，虽然刘女士经济状况良好，但其依然可以获得法律援助。

找法

《妇女权益保障法》

第七十二条 对侵害妇女合法权益的行为，任何组织和个人都有权予以劝阻、制止或者向有关部门提出控告或者检举。有关部门接到控告或者检举后，应当依法及时处理，并为控告人、检举人保密。

妇女的合法权益受到侵害的，有权要求有关部门依法处理，或者依法申请调解、仲裁，或者向人民法院起诉。

对符合条件的妇女，当地法律援助机构或者司法机关应当给予帮助，依法为其提供法律援助或者司法救助。

《法律援助法》

第三十二条 有下列情形之一，当事人申请法律援助的，不受经济困难条件的限制：

（一）英雄烈士近亲属为维护英雄烈士的人格权益；

（二）因见义勇为行为主张相关民事权益；

（三）再审改判无罪请求国家赔偿；

（四）遭受虐待、遗弃或者家庭暴力的受害人主张相关权益；

（五）法律、法规、规章规定的其他情形。

《反家庭暴力法》

第十九条第一款 法律援助机构应当依法为家庭暴力受害人提供法律援助。

举一反三

应当注意的是，家暴不仅仅发生在女性身上，很多儿童、老人都是家暴的受害者。在面对家暴时一定要及时运用法律武器保护自己。一旦遭受到家暴，应及时报警，派出所的报案记录和询问笔录都是重要的证据。在申请法律援助时，这些证据是证明遭受家庭暴力的事实根据。如果身体受到暴力伤害，要在第一时间前往医院，保留好诊断证明、伤残鉴定等。实践中是否及时收集到能被法院认可的有效证据是赢得家庭暴力案件胜诉的关键。

此外，《反家庭暴力法》第23条规定，当事人因遭受家庭暴力或者面临家庭暴力的现实危险，可以向人民法院申请人身安全保护令。人身安全保护令包括下列措施：禁止被申请人实施家庭暴力；禁止被申请人骚扰、跟踪、接触申请人及其相关近亲属；责令被申请人迁出申请人住所；保护申请人人身安全的其他措施。

根据《民法典》的规定，因家庭暴力导致离婚的，无过错方有权请求损害赔偿。本案中，法律援助律师不仅帮助刘女士与其丈夫离婚，也成功地从被告处获得了因家庭暴力应给予的赔偿。

六、妇女法律援助

32 非婚同居期间遭受暴力，妇女如何获得法律援助？

遇事

刘某（女）与邓某（男）在网上相恋后，感情急速升温，后刘某不顾家人劝阻来到邓某的城市与其同居生活。邓某父母之间感情不睦，邓某和邓母经常被邓父殴打，邓某耳濡目染，就认为暴力是解决问题的主要方法。由于刘某和邓某之前缺乏了解，同居后二人经常吵架，邓某经常殴打刘某，但过后又下跪求情并发誓再也不打刘某，刘某每次都心软原谅。不久，刘某意外怀孕，两人打算登记结婚。但邓某在一次酒后又对刘某拳脚相加，导致刘某流产。这一次经历使得刘某心灰意冷，身心遭受了巨大的伤害，决心和邓某分手。由于刘某在这个城市没有亲人朋友，便暂时仍和邓某居住在一起休养身体。谁知邓某仍死性不改，酒后多次辱骂、殴打虚弱的刘某。刘某想要寻求法律援助，但因身在他乡无法开具经济困难的证明，不知道自己这种情况是否能够获得法律援助？

说法

为了充分保护家庭暴力受害人的合法权益，《法律援助法》第32条规定，遭受家庭暴力的受害人主张相关权益可以申请法律援助。《反家庭暴力法》将家庭暴力界定为家庭成员之间以殴打、捆绑、残害、限制人身自由以及经常性谩骂、恐吓等方式实施的身体、精神等侵害行为。该法第37条指出，家庭成员以外共同生活的人之间实施的暴力行为，可以认定为家庭暴力。由此可见，同居关系中共同生活的人之间的暴力行为即为家庭暴力，受害人可以申请法律援助。《法律援助法》高度重视妇女权益的保护，规定了遭受家庭暴力的受害人申请法律援助时不受经济困难条件的限制。本案中，刘某虽然没

111

有与邓某结婚，但二人长期同居生活，属于与邓某共同生活的人，邓某多次殴打刘某的行为已经构成了家庭暴力，可以依法申请法律援助，并且不需要提供经济困难的证明。

找法

《法律援助法》

第三十二条 有下列情形之一，当事人申请法律援助的，不受经济困难条件的限制：

（一）英雄烈士近亲属为维护英雄烈士的人格权益；

（二）因见义勇为行为主张相关民事权益；

（三）再审改判无罪请求国家赔偿；

（四）遭受虐待、遗弃或者家庭暴力的受害人主张相关权益；

（五）法律、法规、规章规定的其他情形。

第四十一条 因经济困难申请法律援助的，申请人应当如实说明经济困难状况。

法律援助机构核查申请人的经济困难状况，可以通过信息共享查询，或者由申请人进行个人诚信承诺。

法律援助机构开展核查工作，有关部门、单位、村民委员会、居民委员会和个人应当予以配合。

《反家庭暴力法》

第二条 本法所称家庭暴力，是指家庭成员之间以殴打、捆绑、残害、限制人身自由以及经常性谩骂、恐吓等方式实施的身体、精神等侵害行为。

第十九条第一款 法律援助机构应当依法为家庭暴力受害人提供法律援助。

第三十七条 家庭成员以外共同生活的人之间实施的暴力行为，参照本法规定执行。

举一反三

需要注意的是,尽管根据《反家庭暴力法》和《法律援助法》的规定,同居者在遭受"家庭"暴力时可以申请法律援助,但是非婚同居并不是法律所认可的合法关系。非婚同居在涉及人身关系的同时还涉及复杂的财产关系,对于因非婚同居关系产生的纠纷,法律的态度不同于婚姻关系中纠纷的解决。例如,在合法的婚姻关系中,对于双方的财产,没有特殊约定的即为夫妻共同财产,离婚时双方平均分配;但对于在非婚同居期间的合法收入,原则上归同居者本人所有,如果双方有共同购置的财产或者共同经营所得的收入,解除同居关系时则按照双方的出资份额、所作贡献等公平合理地分割。虽然法律规定非婚生子女与婚生子女在法律上具有平等的地位,但非婚生子女在学习、生活中会受到他人一定的不公正待遇,会给孩子心理造成创伤。因此,从保护自身和子女合法权益角度出发,在符合法律规定的结婚条件的前提下,具有一定感情基础的男女双方应当及时登记结婚。

33 在孕期被调岗劝退，女职工如何获得法律援助？

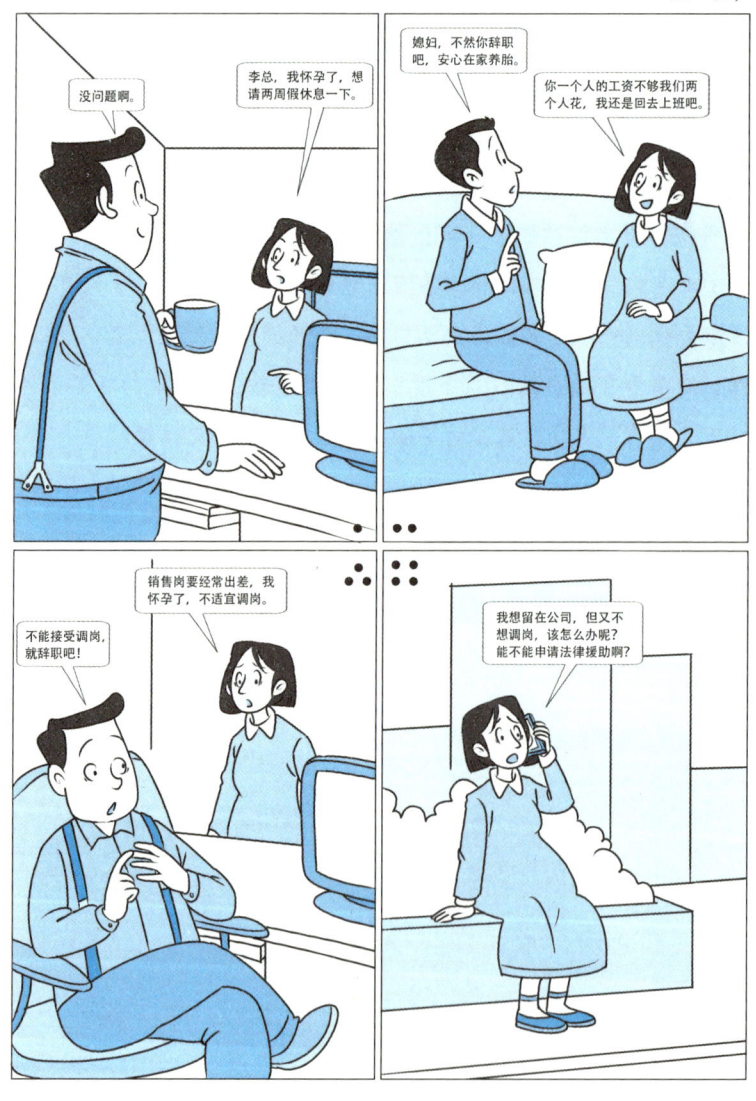

遇事

扫一扫，听案情

> 李总，我怀孕了，想请两周假休息一下。
>
> 没问题啊。

> 媳妇，不然你辞职吧，安心在家养胎。
>
> 你一个人的工资不够我们两个人花，我还是回去上班吧。

> 销售岗要经常出差，我怀孕了，不适宜调岗。
>
> 不能接受调岗，就辞职吧！

> 我想留在公司，但又不想调岗，该怎么办呢？能不能申请法律援助啊？

六、妇女法律援助

说法

在劳动关系中，劳动者属于弱势一方，因此《民法典》《劳动法》等多部法律从不同层面对劳动者权益进行倾斜保护，女职工作为特殊的劳动者，其权益保护尤其是孕期保护得到了法律更多的关注。《劳动法》第29条、《劳动合同法》第42条都规定了女职工在孕期的，用人单位不得随意解除劳动合同。《妇女权益保障法》第47条、第48条规定，妇女在孕期应受特殊保护，任何单位不得因女职工怀孕而降低女职工的工资和福利待遇，辞退女职工。为了帮助劳动者在劳动法律纠纷中维护合法权益，《法律援助法》第31条规定，劳动者请求确认劳动关系，因经济困难没有委托代理人的，可以申请法律援助。因此，孕期女职工权益受损的可以申请法律援助。

本案中，用人单位"恶意调岗"，试图逼迫怀孕的张某主动离职，严重侵犯了孕期女职工的权益，其行为是不合法的。根据相关法律规定，张某可以向法律援助机构如实说明经济状况，申请法律援助。

找法

《法律援助法》

第三十一条 下列事项的当事人，因经济困难没有委托代理人的，可以向法律援助机构申请法律援助：

（一）依法请求国家赔偿；

（二）请求给予社会保险待遇或者社会救助；

（三）请求发给抚恤金；

（四）请求给付赡养费、抚养费、扶养费；

（五）请求确认劳动关系或者支付劳动报酬；

（六）请求认定公民无民事行为能力或者限制民事行为能力；

（七）请求工伤事故、交通事故、食品药品安全事故、医疗事故人身损害赔偿；

（八）请求环境污染、生态破坏损害赔偿；

（九）法律、法规、规章规定的其他情形。

第四十一条 因经济困难申请法律援助的，申请人应当如实说明经济困难状况。

法律援助机构核查申请人的经济困难状况，可以通过信息共享查询，或者由申请人进行个人诚信承诺。

法律援助机构开展核查工作，有关部门、单位、村民委员会、居民委员会和个人应当予以配合。

《妇女权益保障法》

第四十七条 用人单位应当根据妇女的特点，依法保护妇女在工作和劳动时的安全、健康以及休息的权利。

妇女在经期、孕期、产期、哺乳期受特殊保护。

第四十八条 用人单位不得因结婚、怀孕、产假、哺乳等情形，降低女职工的工资和福利待遇，限制女职工晋职、晋级、评聘专业技术职称和职务，辞退女职工，单方解除劳动（聘用）合同或者服务协议。

女职工在怀孕以及依法享受产假期间，劳动（聘用）合同或者服务协议期满的，劳动（聘用）合同或者服务协议期限自动延续至产假结束。但是，用人单位依法解除、终止劳动（聘用）合同、服务协议，或者女职工依法要求解除、终止劳动（聘用）合同、服务协议的除外。

用人单位在执行国家退休制度时，不得以性别为由歧视妇女。

《劳动法》

第二十九条 劳动者有下列情形之一的，用人单位不得依据本法第二十六条、第二十七条的规定解除劳动合同：

（一）患职业病或者因工负伤并被确认丧失或者部分丧失劳动能力的；

六、妇女法律援助

（二）患病或者负伤，在规定的医疗期内的；

（三）女职工在孕期、产期、哺乳期内的；

（四）法律、行政法规规定的其他情形。

《劳动合同法》

第四十二条　劳动者有下列情形之一的，用人单位不得依照本法第四十条、第四十一条的规定解除劳动合同：

（一）从事接触职业病危害作业的劳动者未进行离岗前职业健康检查，或者疑似职业病病人在诊断或者医学观察期间的；

（二）在本单位患职业病或者因工负伤并被确认丧失或者部分丧失劳动能力的；

（三）患病或者非因工负伤，在规定的医疗期内的；

（四）女职工在孕期、产期、哺乳期的；

（五）在本单位连续工作满十五年，且距法定退休年龄不足五年的；

（六）法律、行政法规规定的其他情形。

举一反三

需要注意的是，我国法律明确规定了孕期可以调岗的情形，即女职工不能适应原劳动的，用人单位应当予以减轻劳动量或安排其他能够适应的劳动。这是从保护孕期女性权益为出发点的调岗，而像本案中的恶意调岗是不被法律允许的。

此外，提醒劳动者注意，在符合法律规定条件的前提下，可以向工会法律援助机构申请法律援助。中华全国总工会在2008年8月颁布的《工会法律援助办法》，不仅明确规定了工会法律援助免费，还在机构和人员、范围和条件、申请和承办以及资金来源和管理等方面作出了详细的规定。相对于政府设立的法律援助机构，工会更了解与劳动者相关的具体规章制度，具有保障劳动者合法权益的法定义务。可见，工会法律援助是政府法律援助的必要补充，劳动者在权益受到侵害时可以向合同履行地或者用人单位所在地的工会法律援助机构寻求帮助。

六、妇女法律援助

34 劳动合同限制女职工生育，女职工如何获得法律援助？

遇事

李某于2020年3月入职某公司担任行政秘书，与公司签订了为期两年的劳动合同。2021年5月，李某检查出怀孕，公司得知后以李某违反劳动合同为由将其解雇。李某不知道自己怀孕为何违反了劳动合同，于是找到人事部经理赵某理论。赵某告诉李某，其与公司签订的劳动合同中规定了女职工在入职3年内怀孕的，公司有权解除劳动合同，李某签了字就代表接受该条款，公司有权单方面辞退她。李某这才想起自己当初签合同时并没有仔细看合同内容，她觉得公司这样的规定不合理，但一时间也不知道该怎么办。李某一家经济十分困难，其丈夫因创业失败欠了几十万外债，患上了抑郁症，一直待业在家，李某因怀孕失去工作后家里便没有了经济来源。李某想要通过法律途径维护自己的合法权益，不知道是否可以寻求法律援助？

说法

我国立法从多方面保障妇女享有与男子平等的劳动权利，防止就业性别歧视。《妇女权益保障法》规定，用人单位在招录（聘）过程中，除国家另有规定外，不得实施下列行为：（1）限定为男性或者规定男性优先；（2）除个人基本信息外，进一步询问或者调查女性求职者的婚育情况；（3）将妊娠测试作为入职体检项目；（4）将限制结婚、生育或者婚姻、生育状况作为录（聘）用条件；（5）其他以性别为由拒绝录（聘）用妇女或者差别化地提高对妇女录（聘）用标准的行为。用人单位在录（聘）用女职工时，应当依法与其签订劳动（聘用）合同或者服务协议，劳动（聘用）合同或者服务协议中应当具备女职工特殊保护条款，并不得规定限制女职工结婚、生育等内容。

女职工在孕期也受到法律的特殊保护,《劳动法》第29条、《劳动合同法》第42条、《妇女权益保障法》第48条都规定了任何单位不得因女职工怀孕而解除劳动合同。为加强劳动者的权益保障,《法律援助法》第31条规定劳动者请求确认劳动关系,因经济困难没有委托代理人的,可以申请法律援助。虽然本条并没有专门针对妇女这一特殊主体设定具有针对性的法律援助事项,但实践中,为了保护妇女的合法权益,尤其是孕期妇女的权益,各省、自治区、直辖市大多扩大了相应的法律援助范围。

本案中,用人单位在劳动合同中规定"女职工入职3年内不得怀孕",该条属于法律所禁止规定的内容,对当事人不能产生法律约束力,用人单位无权因李某怀孕而辞退她。根据上述法律规定,李某可以向法律援助机构如实说明经济状况,申请法律援助。

找法

《法律援助法》

第三十一条 下列事项的当事人,因经济困难没有委托代理人的,可以向法律援助机构申请法律援助:

(一)依法请求国家赔偿;

(二)请求给予社会保险待遇或者社会救助;

(三)请求发给抚恤金;

(四)请求给付赡养费、抚养费、扶养费;

(五)请求确认劳动关系或者支付劳动报酬;

(六)请求认定公民无民事行为能力或者限制民事行为能力;

(七)请求工伤事故、交通事故、食品药品安全事故、医疗事故人身损害赔偿;

(八)请求环境污染、生态破坏损害赔偿;

(九)法律、法规、规章规定的其他情形。

第四十一条 因经济困难申请法律援助的,申请人应当如实说明经济困难状况。

法律援助机构核查申请人的经济困难状况，可以通过信息共享查询，或者由申请人进行个人诚信承诺。

法律援助机构开展核查工作，有关部门、单位、村民委员会、居民委员会和个人应当予以配合。

《妇女权益保障法》

第四十三条 用人单位在招录（聘）过程中，除国家另有规定外，不得实施下列行为：

（一）限定为男性或者规定男性优先；

（二）除个人基本信息外，进一步询问或者调查女性求职者的婚育情况；

（三）将妊娠测试作为入职体检项目；

（四）将限制结婚、生育或者婚姻、生育状况作为录（聘）用条件；

（五）其他以性别为由拒绝录（聘）用妇女或者差别化地提高对妇女录（聘）用标准的行为。

第四十四条 用人单位在录（聘）用女职工时，应当依法与其签订劳动（聘用）合同或者服务协议，劳动（聘用）合同或者服务协议中应当具备女职工特殊保护条款，并不得规定限制女职工结婚、生育等内容。

职工一方与用人单位订立的集体合同中应当包含男女平等和女职工权益保护相关内容，也可以就相关内容制定专章、附件或者单独订立女职工权益保护专项集体合同。

第四十八条 用人单位不得因结婚、怀孕、产假、哺乳等情形，降低女职工的工资和福利待遇，限制女职工晋职、晋级、评聘专业技术职称和职务，辞退女职工，单方解除劳动（聘用）合同或者服务协议。

女职工在怀孕以及依法享受产假期间，劳动（聘用）合同或者服务协议期满的，劳动（聘用）合同或者服务协议期限自动延续至产假结束。但是，用人单位依法解除、终止劳动（聘用）合同、服务协议，或者女职工依法要求解除、终止劳动（聘用）合同、服务协议的除外。

用人单位在执行国家退休制度时，不得以性别为由歧视妇女。

《劳动法》

第二十九条 劳动者有下列情形之一的，用人单位不得依据本法第二十六条、第二十七条的规定解除劳动合同：

（一）患职业病或者因工负伤并被确认丧失或者部分丧失劳动能力的；

（二）患病或者负伤，在规定的医疗期内的；

（三）女职工在孕期、产期、哺乳期内的；

（四）法律、行政法规规定的其他情形。

《劳动合同法》

第四十二条 劳动者有下列情形之一的，用人单位不得依照本法第四十条、第四十一条的规定解除劳动合同：

（一）从事接触职业病危害作业的劳动者未进行离岗前职业健康检查，或者疑似职业病病人在诊断或者医学观察期间的；

（二）在本单位患职业病或者因工负伤并被确认丧失或者部分丧失劳动能力的；

（三）患病或者非因工负伤，在规定的医疗期内的；

（四）女职工在孕期、产期、哺乳期的；

（五）在本单位连续工作满十五年，且距法定退休年龄不足五年的；

（六）法律、行政法规规定的其他情形。

举一反三

女职工需注意，我国劳动法律对女职工的孕期保护具有体系性特征，除了本案提到的用人单位不得因女职工怀孕解除劳动合同外，《女职工劳动保护特别规定》还规定了女职工在孕期禁忌从事的劳动范围；

六、妇女法律援助

对怀孕7个月以上的女职工，用人单位不得延长劳动时间或者安排夜班劳动，并应当在劳动时间内安排一定的休息时间；女职工生育享受98天产假，其中产前可以休假15天，等等，从多方面保障孕期女职工的合法权益。如果上述权益被侵犯，在符合条件的情况下，均可以向法律援助机构申请法律援助。

35 女职工被拖欠劳动报酬，如何获得法律援助？

遇事

王某与其丈夫原本是某村的农民，靠种地为生。2020年年初，某种植公司承包了该村的土地，用来种植马铃薯，于是王某与丈夫二人便进城务工，供养正在上大学的儿子。王某进了一家工厂，在流水线上负责装箱工作。2021年10月，该工厂因为经营不善，拖欠了王某5个月的工资未支付，共计一万五千元。10月底，王某决定向工厂经理辞职并要求经理支付拖欠的工资。经理刘某以资金暂时周转不开为由请求王某宽限一段时间，并给王某打下了欠条，承诺2022年1月一次性支付拖欠的工资。但到时间后，刘某却并未兑现承诺，甚至拉黑了王某的联系方式，躲了起来拒绝与王某协商。王某不懂法律，不知道自己的情况是否能够申请法律援助帮助自己要回工资？

说法

根据《法律援助法》第31条的规定，请求支付劳动报酬的当事人因经济困难没有委托代理人的，可以申请法律援助。为了及时为弱势群体提供法律援助，维护他们的合法权益，《法律援助法》第42条进一步规定了进城务工人员因索要劳动报酬申请法律援助的，免予核查经济困难状况。各地法律援助机构针对农民工等特殊群体基本都开通了绿色通道，进行优先受理、审批和指派，为农民工等特殊群体提供多层次、多元化、个性化法律援助服务，力求最大限度维护特殊群体的合法权益。本案中，王某属于进城务工人员，根据上述法律规定，王某追索劳动报酬可以申请法律援助，并且不需要核查经济困难状况。

六、妇女法律援助

🔍 找法

《法律援助法》

第三十一条 下列事项的当事人，因经济困难没有委托代理人的，可以向法律援助机构申请法律援助：

（一）依法请求国家赔偿；

（二）请求给予社会保险待遇或者社会救助；

（三）请求发给抚恤金；

（四）请求给付赡养费、抚养费、扶养费；

（五）请求确认劳动关系或者支付劳动报酬；

（六）请求认定公民无民事行为能力或者限制民事行为能力；

（七）请求工伤事故、交通事故、食品药品安全事故、医疗事故人身损害赔偿；

（八）请求环境污染、生态破坏损害赔偿；

（九）法律、法规、规章规定的其他情形。

第四十二条 法律援助申请人有材料证明属于下列人员之一的，免予核查经济困难状况：

（一）无固定生活来源的未成年人、老年人、残疾人等特定群体；

（二）社会救助、司法救助或者优抚对象；

（三）申请支付劳动报酬或者请求工伤事故人身损害赔偿的进城务工人员；

（四）法律、法规、规章规定的其他人员。

举一反三

除进城务工人员申请劳动报酬外，《法律援助法》第42条还规定了无固定生活来源的未成年人、老年人、残疾人等特定群体，社会救助、司法救助或者优抚对象，请求工伤事故人身损害赔偿的进城务工人员在申请法律援助时也不需要核查经济困难状况。这类群体本身就属于弱势群体,《法律援助法》降低了他们申请法律援助的门槛,从立法层面保障他们能够更及时、更便利地获得法律援助。

此外,提醒进城务工人员注意,在处理劳动纠纷时需要提供证明劳动关系的证据,如果用人单位没有与进城务工人员签订劳动合同的,劳动者最好能够保留相关的工服、工牌或者单位打的欠条等证据,以便于日后维权。

36 丈夫拒绝履行扶养义务，妻子如何获得法律援助？

遇事

赵某（女）离异后与王某（男）组建了新的家庭。赵某没有工作，两人靠王某一人的工资生活。2021年3月，赵某查出了恶性肿瘤，但幸好处于早期，可以通过手术以及药物配合治疗。赵某听从医嘱办理了入院手续。王某知道手术和治疗需要不少钱，便心生不满，觉得赵某拖累自己。于是，王某在妻子赵某治疗初期支付了少量费用后便不再承担赵某的治疗、护理、生活费用。3月底，王某以感情破裂为由向法院诉请离婚。赵某得知后伤心不已，病情因此加重。由于赵某没有经济来源，二人的夫妻共同财产都由王某保管，赵某身无分文，无力支付医疗费。赵某想要寻求律师的帮助，不知道自己的情况能否申请获得法律援助？

说法

夫妻间具有相互扶养的义务，特别是在一方年老、疾病或丧失劳动能力、生活困难的情况下，有负担能力的一方，更应承担扶养义务。《民法典》第1059条规定，夫妻有相互扶养的义务；需要扶养的一方，在另一方不履行扶养义务时，有要求其给付扶养费的权利。为了给予处于困境中的夫妻一方以法律帮助，《法律援助法》第31条明确规定，申请给付扶养费案件的当事人因经济困难没有委托代理人的，可以申请法律援助。

本案中，赵某身患重病，王某作为其配偶，本身具有负担能力，应当承担扶养义务，但王某拒绝履行义务，导致病重的赵某身无分文，无力支付医疗费。赵某的情况符合法律的相关规定，可以申请获得法律援助。

找法

《法律援助法》

第三十一条 下列事项的当事人，因经济困难没有委托代理人的，可以向法律援助机构申请法律援助：

（一）依法请求国家赔偿；

（二）请求给予社会保险待遇或者社会救助；

（三）请求发给抚恤金；

（四）请求给付赡养费、抚养费、扶养费；

（五）请求确认劳动关系或者支付劳动报酬；

（六）请求认定公民无民事行为能力或者限制民事行为能力；

（七）请求工伤事故、交通事故、食品药品安全事故、医疗事故人身损害赔偿；

（八）请求环境污染、生态破坏损害赔偿；

（九）法律、法规、规章规定的其他情形。

第四十一条 因经济困难申请法律援助的，申请人应当如实说明经济困难状况。

法律援助机构核查申请人的经济困难状况，可以通过信息共享查询，或者由申请人进行个人诚信承诺。

法律援助机构开展核查工作，有关部门、单位、村民委员会、居民委员会和个人应当予以配合。

《民法典》

第一千零五十九条 夫妻有相互扶养的义务。

需要扶养的一方，在另一方不履行扶养义务时，有要求其给付扶养费的权利。

六、妇女法律援助

举一反三

需要注意的是,《法律援助法》提供了申请法律援助的多元路径,申请人可以现场申请,也可以通过电话、网络等提出申请。很多地区在高校、社区设立了法律援助工作站,居民可以就近提出申请。行动不便的居民,也可以电话申请,有些地区的法律援助机构可以提供上门服务,办理援助手续。

此外,提醒离婚时生活困难的一方注意,根据《民法典》的规定,离婚时,如果一方生活困难,有负担能力的另一方应当给予适当帮助。具体办法由双方协议;协议不成的,由人民法院判决。此外,法律还规定婚姻关系存续期间,夫妻一方请求分割共同财产的,人民法院不予支持,但有下列重大理由且不损害债权人利益的除外:(1)一方有隐藏、转移、变卖、毁损、挥霍夫妻共同财产或者伪造夫妻共同债务等严重损害夫妻共同财产利益行为的;(2)一方负有法定扶养义务的人患重大疾病需要医治,另一方不同意支付相关医疗费用的。本案中,在赵某重病的情况下,王某提出离婚,如果法院判决两人离婚,王某应当对赵某给予适当的帮助。如果法院判决不予离婚,因王某拒付医疗费和给予照顾,赵某也可以请求分割夫妻共同财产来支付医疗费和相应的护理费。

37. 农村妇女离婚后请求返还个人承包土地的，能否申请法律援助？

遇事

李某（女）经人介绍与王某（男）结婚，结婚时李某的户口迁到了王家村里，并依法取得了该村的承包土地经营权。两人婚后育有一子。2020年，李某与王某因感情不和离婚，李某独自回到位于李家村的娘家生活，其儿子起初由王某抚养，后因为年龄太小，实际跟随妈妈李某生活。李某为了照顾儿子没有工作，没有固定的生活来源，一家人只靠李某父母种植的几亩土地勉强度日。李家村村委会为帮助李某一家，代其向县政府申请了最低生活保障。李某思来想去，自己在离婚时没有请求分割承包土地，自己的地仍然由王某种植，但王某却一分钱也没给过自己。李某不懂法律，不知道能否申请法律援助，要回属于自己的承包土地？

说法

《法律援助法》第31条虽然没有将妇女请求土地权益案件列入法律援助的范围，但在实践中，农村妇女土地权益纠纷是农村法律纠纷中很常见的类型，因此很多省市为了帮助其及时维权，在地方性法律援助条例中规定"农村土地承包经营权及其流转中合法权益受到侵害的当事人因经济困难没有委托代理人的，可以申请法律援助"。有的省市甚至直接规定"妇女合法权益受侵害的，因经济困难没有委托代理人的，可以申请法律援助"。因此，妇女土地权益受侵害的案件在大多数省市都属于法律援助的范围。《妇女权益保障法》第56条明确规定，村民自治章程、村规民约，村民会议、村民代表会议的决定以及其他涉及村民利益事项的决定，不得以妇女未婚、结婚、离婚、丧偶、户无男性等为由，侵害妇女在农村集体经济组织中的各项权益。因结婚男方到女方住所落户的，男方和子女享有与所在地农村集体经济组织成员平等的权益。第72条规定，对符合条件的妇女，当地法律援助机构或者司法机关应当给予帮助，依法为其提供法律援助或者司法救助。根据各省、自治区、直辖市法律援助条例的规定，享受当地最低生活保障的家庭，基本都符合法律援助经济困难标准。本案中，李某一家属于政府救助的家庭，经济确实困难，可以获得法律援助。

找法

《法律援助法》

第四十一条 因经济困难申请法律援助的，申请人应当如实说明经济困难状况。

法律援助机构核查申请人的经济困难状况，可以通过信息共享查询，或者由申请人进行个人诚信承诺。

法律援助机构开展核查工作，有关部门、单位、村民委员会、居民委员会和个人应当予以配合。

《妇女权益保障法》

第五十五条 妇女在农村集体经济组织成员身份确认、土地承包经营、集体经济组织收益分配、土地征收补偿安置或者征用补偿以及宅基地使用等方面，享有与男子平等的权利。

申请农村土地承包经营权、宅基地使用权等不动产登记，应当在不动产登记簿和权属证书上将享有权利的妇女等家庭成员全部列明。征收补偿安置或者征用补偿协议应当将享有相关权益的妇女列入，并记载权益内容。

第五十六条 村民自治章程、村规民约，村民会议、村民代表会议的决定以及其他涉及村民利益事项的决定，不得以妇女未婚、结婚、离婚、丧偶、户无男性等为由，侵害妇女在农村集体经济组织中的各项权益。

因结婚男方到女方住所落户的，男方和子女享有与所在地农村集体经济组织成员平等的权益。

第七十二条 对侵害妇女合法权益的行为，任何组织和个人都有权予以劝阻、制止或者向有关部门提出控告或者检举。有关部门接到控告或者检举后，应当依法及时处理，并为控告人、检举人保密。

妇女的合法权益受到侵害的，有权要求有关部门依法处理，或者依法申请调解、仲裁，或者向人民法院起诉。

对符合条件的妇女，当地法律援助机构或者司法机关应当给予帮助，依法为其提供法律援助或者司法救助。

举一反三

根据《法律援助法》第38条的规定，对诉讼事项的法律援助，由申请人向办案机关所在地的法律援助机构提出申请；对非诉讼事项的法律援助，由申请人向争议处理机关所在地或者事由发生地的法律援助机构提出申请。上述案件中，发生争议的土地位于王家村，因此李某应当向王家村所在县的法律援助机构申请法律援助。实践中，当事人可能会为了便利，直接到自己熟悉的地方申请法律援助，如果李某向李家村所在县的法律援助机构提出了申请，该法律援助机构应当向其释明，并帮助李某到王家村所在县的法律援助机构申请援助。

六、妇女法律援助

38 外嫁妇女土地权益受侵害的，如何获得法律援助？

遇事

刘某本是刘家村的村民，自出生后一直居住在该村，并以家庭为单位承包了该村的土地。2010年，刘某嫁到王家村，但户口并未迁出。2020年，因当地建设生态旅游开发项目，政府对刘家村的部分集体土地进行了征收，征地补偿款发放给了刘家村村委会，由村委会进行分配。2018年10月，刘某的丈夫因为意外事故去世了，刘某靠种地独自抚养两个未成年孩子，日子艰难，因此刘某得知刘家村要下发征地补偿款后便十分高兴。刘家村村委会很快就征地补偿款的分配召开了村民会议，制订了分配方案，分配方案中决定外嫁女一律不得参与集体财产分配。刘某得知后十分气愤，联合了刘家村10余名外嫁女找到村委会主任质问凭什么不给她们分征地补偿款。村委会主任只回应说这是村民会议的决定，便不再理睬刘某等人。刘某想要通过法律手段维护自己的权益，不知道能否获得法律援助？

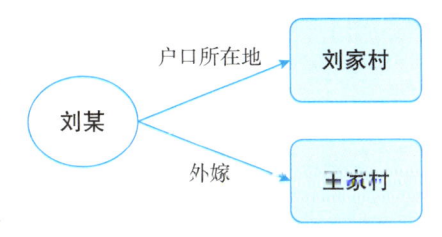

说法

妇女在农村集体经济组织中的各项权益受法律保护，《妇女权益保障法》第55条、第56条明确规定，妇女在土地征收补偿安置或者征用补偿等方面享有与男子平等的权利。村民自治章程、村规民约，村民会议、村民代表会议的决定以及其他涉及村民利益事项的决定，不得以妇女结婚为由，侵害妇女在农村集体经济组织中的各项权益。《村民委员会组织法》第27条第2款规定，村民会议所作出的决定，不得与宪法、法律、法规和国家的政策相抵触，不

133

得有侵害村民的人身权利、民主权利和合法财产权益的内容。为帮助妇女群体维护合法权益，《妇女权益保障法》第72条规定，对符合条件的妇女，当地法律援助机构或者司法机关应当给予帮助，依法为其提供法律援助或者司法救助。虽然《法律援助法》第31条并没有明确列举妇女为获得征地补偿款可以申请法律援助的事项，但该条第9项"法律、法规、规章规定的其他情形"为兜底条款，各省、自治区、直辖市可以根据实际情况制定本地区法律援助的范围，因此实践中很多省市都将"农村土地承包经营权及其流转中合法权益受到侵害"的情形纳入了法律援助范围。在妇女符合经济困难条件的情况下，可以针对分配征地补偿款事项申请法律援助。

本案中，刘家村村委会以村民会议决定为名，侵害刘某等外嫁女同等享有土地补偿费的分配权利，其行为显然是违法的。刘某丧夫后以种地的微薄收入抚养两个孩子，按照家庭经济人均收入的标准，刘某确属经济困难，可以获得法律援助。

找法

《法律援助法》

第三十一条 下列事项的当事人，因经济困难没有委托代理人的，可以向法律援助机构申请法律援助：

（一）依法请求国家赔偿；

（二）请求给予社会保险待遇或者社会救助；

（三）请求发给抚恤金；

（四）请求给付赡养费、抚养费、扶养费；

（五）请求确认劳动关系或者支付劳动报酬；

（六）请求认定公民无民事行为能力或者限制民事行为能力；

（七）请求工伤事故、交通事故、食品药品安全事故、医疗事故人身损害赔偿；

（八）请求环境污染、生态破坏损害赔偿；

（九）法律、法规、规章规定的其他情形。

第四十一条 因经济困难申请法律援助的，申请人应当如实说明经济困难状况。

法律援助机构核查申请人的经济困难状况，可以通过信息共享查询，或者由申请人进行个人诚信承诺。

法律援助机构开展核查工作，有关部门、单位、村民委员会、居民委员会和个人应当予以配合。

《妇女权益保障法》

第五十五条 妇女在农村集体经济组织成员身份确认、土地承包经营、集体经济组织收益分配、土地征收补偿安置或者征用补偿以及宅基地使用等方面，享有与男子平等的权利。

申请农村土地承包经营权、宅基地使用权等不动产登记，应当在不动产登记簿和权属证书上将享有权利的妇女等家庭成员全部列明。征收补偿安置或者征用补偿协议应当将享有相关权益的妇女列入，并记载权益内容。

第五十六条 村民自治章程、村规民约，村民会议、村民代表会议的决定以及其他涉及村民利益事项的决定，不得以妇女未婚、结婚、离婚、丧偶、户无男性等为由，侵害妇女在农村集体经济组织中的各项权益。

因结婚男方到女方住所落户的，男方和子女享有与所在地农村集体经济组织成员平等的权益。

第七十二条 对侵害妇女合法权益的行为，任何组织和个人都有权予以劝阻、制止或者向有关部门提出控告或者检举。有关部门接到控告或者检举后，应当依法及时处理，并为控告人、检举人保密。

妇女的合法权益受到侵害的，有权要求有关部门依法处理，或者依法申请调解、仲裁，或者向人民法院起诉。

对符合条件的妇女，当地法律援助机构或者司法机关应当给予帮助，依法为其提供法律援助或者司法救助。

《村民委员会组织法》

第二十七条 村民会议可以制定和修改村民自治章程、村规民约，并报乡、民族乡、镇的人民政府备案。

村民自治章程、村规民约以及村民会议或者村民代表会议的决定不得与宪法、法律、法规和国家的政策相抵触，不得有侵犯村民的人身权利、民主权利和合法财产权利的内容。

村民自治章程、村规民约以及村民会议或者村民代表会议的决定违反前款规定的，由乡、民族乡、镇的人民政府责令改正。

举一反三

不同地区法律援助的范围有所差异，很多省市都将土地权益保护纳入了法律援助范围，有的甚至直接规定"妇女合法权益受侵害，因经济困难没有委托代理人的，可以申请法律援助"。因此申请人可以通过电话、网络等多种渠道进行咨询，了解当地的法律援助政策。

需要注意的是，农村女性外嫁，如果户口依然在原家庭，或者嫁出之后在夫家未取得承包土地的，那么外嫁女依旧享有原家庭的土地权益，原村村民委员会不得侵害其各项土地权益。上述案件中，村委会虽然有一定的自治权，但作出的"外嫁女"不得参与征收补偿款分配的决议是无效的，因为这是国家法律赋予农村妇女的权益。我国法律规定，妇女在农村土地承包经营、集体经济组织收益分配、土地征收或者征用补偿费使用以及宅基地使用等方面，享有与男子平等的权利，并不受未婚、结婚、离婚、丧偶等情况影响。

六、妇女法律援助

39 女性妊娠时遭受医疗损害的，如何获得法律援助？

遇事

王某于2021年年初到某医院就诊待产，医院经过诊断对王某实施了连续三天的引产。但引产最终失败，王某剖宫产下一子，随后王某被转入ICU抢救治疗，王某的孩子被转入妇幼保健院经抢救无效后死亡。王某身体上受到了严重损害，失去孩子的痛苦使其病情加剧，后来患上了抑郁症。王某和孩子整个手术过程和后续治疗花光了一家人的积蓄，王某已经无力负担后续的治疗费用。王某认为在分娩时是由于医院的错误诊断导致自己遭受了严重的身体损害并失去了孩子，为讨回公道，王某想要申请法律援助，不知自己是否满足获得援助的条件？

说法

根据《法律援助法》第31条的规定，请求医疗事故人身损害赔偿的当事人因经济困难没有委托代理人的，可以向法律援助机构申请援助。《民法典》第1221条规定了诊疗活动中医务人员过错的界定，医务人员在诊疗活动中未尽到与当时的医疗水平相应的诊疗义务，造成患者损害的，医疗机构应当承担赔偿责任。本案中，王某一家因手术治疗花光了积蓄，经济困难，符合法律援助的条件，可以获得援助。医院因错误诊断，连续三天实施引产都失败了，严重损害了王某及其孩子的健康，应当承担相应的赔偿责任。

找法

《法律援助法》

第三十一条 下列事项的当事人，因经济困难没有委托代理人的，可以向法律援助机构申请法律援助：

（一）依法请求国家赔偿；

（二）请求给予社会保险待遇或者社会救助；

（三）请求发给抚恤金；

（四）请求给付赡养费、抚养费、扶养费；

（五）请求确认劳动关系或者支付劳动报酬；

（六）请求认定公民无民事行为能力或者限制民事行为能力；

（七）请求工伤事故、交通事故、食品药品安全事故、医疗事故人身损害赔偿；

（八）请求环境污染、生态破坏损害赔偿；

（九）法律、法规、规章规定的其他情形。

第四十一条 因经济困难申请法律援助的，申请人应当如实说明经济困难状况。

法律援助机构核查申请人的经济困难状况，可以通过信息共享查询，或者由申请人进行个人诚信承诺。

法律援助机构开展核查工作，有关部门、单位、村民委员会、居民委员会和个人应当予以配合。

《民法典》

第一千二百二十一条 医务人员在诊疗活动中未尽到与当时的医疗水平相应的诊疗义务，造成患者损害的，医疗机构应当承担赔偿责任。

六、妇女法律援助

举一反三

需要注意的是，女性法律援助在心理特征、服务需求等方面都具有较大的特殊性。根据相关法律规定，女性在申请法律援助时可以请求法律援助机构优先指派女律师，女律师更能体会女性受援人的内心感受，在提供专业服务的同时更注重对受援人的心理疏导。

另外，还需提醒注意的是，根据法律规定，当发生医疗事故时可以通过以下途径解决：双方可以进行协商、当事人可以向卫生行政部门提出处理申请、当事人向人民法院提起诉讼。在诉讼中，法院会依据医疗鉴定结果中医患双方各自承担的责任比例确定赔偿金额。医疗事故的赔偿范围包括医疗费、误工费、住院伙食补助费、陪护费、残疾生活补助费、残疾用具费、丧葬费、被扶养人生活费、交通费、住宿费、精神损害抚慰金等。

七

未成年人法律援助

40 未成年人[①]追索抚养费的，如何获得法律援助？

遇事

李某（女）是某村村民，78岁，无劳动能力，也没有收入来源。李某的儿子和儿媳早年就离婚了，儿媳抛下了两个未成年孙女独自到县城生活，再也没有联系过李某一家，也没有给两个孩子任何抚养费。李某的儿子在2021年9月因车祸意外死亡，这给李某一家带来了巨大的冲击。李某老年丧子，每日以泪洗面。儿子本是家中唯一的指望。儿子去世后，李某独自一人无力供养尚在读书的两个未成年孙女，于是想到了孩子的母亲王某。李某想要起诉王某替孩子索要抚养费，不知道能不能获得法律援助？

说法

《法律援助法》第31条的规定，请求给付抚养费的案件当事人，如果因经济困难没有委托代理人的，可以向法律援助机构申请援助。第40条规定，无民事行为能力人或者限制民事行为能力人需要法律援助的，可以由其法定代理人代为提出申请。法定代理人侵犯无民事行为能力人、限制民事行为能力人合法权益的，其他法定代理人或者近亲属可以代为提出法律援助申请。本案中，李某作为奶奶可以代替两个未成年孙女申请法律援助，向其母亲王某索要抚养费，虽然李某年纪较大，但仍然能够清晰表达自己的诉求，是完全民事行为能力人，具有代理资格。李某祖孙三人经济困难，没有收入来源，

---

① 根据《未成年人保护法》，我国法定成年年龄为18周岁，未成年人即指未满18周岁的公民。在联合国《儿童权利公约》中，儿童指的是"18岁以下的任何人，除非对其适用之法律规定成年年龄低于18岁"。因此，为了便于阐述，本书中分别使用了"未成年人"与"儿童"两种称谓，但所指对象相同，均为未满18周岁的公民。

符合经济困难的条件，可以获得法律援助。

找法

《法律援助法》

第三十一条　下列事项的当事人，因经济困难没有委托代理人的，可以向法律援助机构申请法律援助：

（一）依法请求国家赔偿；

（二）请求给予社会保险待遇或者社会救助；

（三）请求发给抚恤金；

（四）请求给付赡养费、抚养费、扶养费；

（五）请求确认劳动关系或者支付劳动报酬；

（六）请求认定公民无民事行为能力或者限制民事行为能力；

（七）请求工伤事故、交通事故、食品药品安全事故、医疗事故人身损害赔偿；

（八）请求环境污染、生态破坏损害赔偿；

（九）法律、法规、规章规定的其他情形。

第四十条第一款　无民事行为能力人或者限制民事行为能力人需要法律援助的，可以由其法定代理人代为提出申请。法定代理人侵犯无民事行为能力人、限制民事行为能力人合法权益的，其他法定代理人或者近亲属可以代为提出法律援助申请。

第四十一条　因经济困难申请法律援助的，申请人应当如实说明经济困难状况。

法律援助机构核查申请人的经济困难状况，可以通过信息共享查询，或者由申请人进行个人诚信承诺。

法律援助机构开展核查工作，有关部门、单位、村民委员会、居民委员会和个人应当予以配合。

《民法典》

第二十条 不满八周岁的未成年人为无民事行为能力人,由其法定代理人代理实施民事法律行为。

举一反三

> 需要注意的是,非婚同居关系虽然不受我国法律保护,但我国法律明确规定,非婚生子女享有与婚生子女平等的权利,父母有抚养、教育的义务,任何人不得加以侵害和歧视。不直接抚养非婚生子女的生父或者生母,应当负担子女的生活费和医疗费,直至子女能独立生活为止。因此,非婚生子女的父母不履行抚养义务的,未成年子女或者不能独立生活的成年子女,也有要求父母给付抚养费的权利。

41 未成年人在遭受虐待时，如何获得法律援助？

遇事

林某系某县村民，于2012年生育小龙，小龙的生父在其出生那年意外去世，小龙一直由林某独自抚养。林某曾有过两次不成功的婚姻，小龙的爸爸去世后，林某便将所有的不幸都归咎于小龙，不但对小龙疏于照顾，还经常辱骂殴打。当地妇联、民警以及村委会多次对林某进行批评教育，但林某拒不改正。2021年10月29日凌晨，林某酒后再次辱骂小龙，并用菜刀将其砍伤，闻讯赶来的村主任立即将小龙送往医院救治。林某长期对小龙的虐待行为已经严重影响了小龙的身心健康，11月13日，该村村委会代表小龙向法律援助机构提出援助申请，想要通过法律手段帮助小龙脱离火海，撤销林某的监护资格并由村委会担任监护人，不知能否获得法律援助？

说法

我国十分注重对未成年人的保护，《未成年人保护法》第11条规定，任何组织或者个人发现不利于未成年人身心健康或者侵犯未成年人合法权益的情形，都有权劝阻、制止或者向公安、民政、教育等有关部门提出检举、控告。《民法典》第32条、第36条赋予了村委会在保护未成年人方面特定的职责，村委会在发现未成年人遭受监护人暴力虐待的情形下，可以向人民法院申请撤销原监护人监护资格，依法另行指定监护人；在没有依法具有监护资格的人时，村委会可以担任监护人。根据《法律援助法》第40条的规定，村委会有资格代表未成年人申请法律援助。本案中，因林某性格乖戾，与家人几乎不再来往，致使没有其他亲人对生活在水深火热中的小龙伸出援手。因此村委会可以为小龙申请法律援助。根据《法律援助法》第32条、第42条的规定，小龙属于遭受虐待的无固定生活来源的未成年人，满足获得法律援助的条件，当地法律援助机构应当给予法律援助。

🔍 找法

《法律援助法》

第三十二条 有下列情形之一，当事人申请法律援助的，不受经济困难条件的限制：

（一）英雄烈士近亲属为维护英雄烈士的人格权益；

（二）因见义勇为行为主张相关民事权益；

（三）再审改判无罪请求国家赔偿；

（四）遭受虐待、遗弃或者家庭暴力的受害人主张相关权益；

（五）法律、法规、规章规定的其他情形

《未成年人法律援助服务指引(试行)》

第三十七条 发现监护人具有民法典第三十六条、《关于依法处理监护人侵害未成年人权益行为若干问题的意见》第三十五条规定的情形之一的，法律援助承办人员可以建议其他具有监护资格的人、居（村）民委员会、学校、医疗机构、妇联、共青团、未成年人保护组织、民政部门等个人或组织，向未成年人住所地、监护人住所地或者侵害行为地基层人民法院申请撤销原监护人监护资格，依法另行指定监护人。

《民法典》

第三十六条 监护人有下列情形之一的，人民法院根据有关个人或者组织的申请，撤销其监护人资格，安排必要的临时监护措施，并按照最有利于被监护人的原则依法指定监护人：

（一）实施严重损害被监护人身心健康的行为；

（二）怠于履行监护职责，或者无法履行监护职责且拒绝将监护职责部分或者全部委托给他人，导致被监护人处于危困状态；

（三）实施严重侵害被监护人合法权益的其他行为。

本条规定的有关个人、组织包括：其他依法具有监护资格的人，居民委员会、村民委员会、学校、医疗机构、妇女联合会、残疾人联合会、未成年人保护组织、依法设立的老年人组织、民政部门等。

前款规定的个人和民政部门以外的组织未及时向人民法院申请撤销监护人资格的，民政部门应当向人民法院申请。

《未成年人保护法》

第十一条 任何组织或者个人发现不利于未成年人身心健康或者侵犯未成年人合法权益的情形，都有权劝阻、制止或者向公安、民政、教育等有关部门提出检举、控告。

国家机关、居民委员会、村民委员会、密切接触未成年人的单位及其工作人员，在工作中发现未成年人身心健康受到侵害、疑似受到侵害或者面临其他危险情形的，应当立即向公安、民政、教育等有关部门报告。

有关部门接到涉及未成年人的检举、控告或者报告，应当依法及时受理、处置，并以适当方式将处理结果告知相关单位和人员。

举一反三

需要注意的是，根据法律规定，监护人有严重侵害被监护人人身权益行为的，有关个人或者组织可以向人民法院申请撤销监护人资格。但上述个人或者组织应当听取有表达能力的未成年人的意见，法律援助承办人员也应当提出相关建议。同时，未成年人在遭受监护人侵害时，身体和心理都会留下巨大的创伤，因此，法律援助承办人员根据实际需要可以向人民法院申请聘请适当的社会人士对未成年人进行社会观护，引入心理疏导和测评机制，组织专业社会工作者、儿童心理问题专家等专业人员参与诉讼，为受侵害未成年人和被申请人提供心理辅导和测评服务。

七、未成年人法律援助

42 监护人利用未成年人乞讨的，未成年人如何获得法律援助？

遇事

扫一扫，听案情

说法

《未成年人保护法》第54条明确规定，禁止胁迫、诱骗、利用未成年人乞讨。第104条规定，对需要法律援助的未成年人，法律援助机构应当提供援助。司法部在发布的《未成年人法律援助服务指引（试行）》中第四章专门就监护人侵害未成年人权益案件的法律援助工作进行了详细规定，其中就包括监护人利用未成年人乞讨的行为。由此可见，本案属于法律援助的范围。此外，受教育权是受《宪法》保障的基本权利，《未成年人保护法》第16条也规定，未成年人的父母或者其他监护人应当尊重未成年人受教育的权利，保障适龄未成年人依法接受并完成义务教育。本案中，林某为了乞讨到更多的钱而不让果果上学的行为是严重的违法行为。

就本案而言，根据《法律援助法》第40条规定，应当先由果果的妈妈或者其他近亲属如祖父母、外祖父母代理果果申请法律援助；如果上述近亲属无法联系或者拒绝承担监护职责的，可以由村委会代理果果申请援助。林某不但利用果果乞讨，还剥夺了果果受教育的权利，根据法律规定，法律援助机构应当为果果提供援助，维护其合法权益。

找法

《法律援助法》

第四十条第一款 无民事行为能力人或者限制民事行为能力人需要法律援助的，可以由其法定代理人代为提出申请。法定代理人侵犯无民事行为能力人、限制民事行为能力人合法权益的，其他法定代理人或者近亲属可以代为提出法律援助申请。

《未成年人保护法》

第五十四条 禁止拐卖、绑架、虐待、非法收养未成年人，禁止对未成年人实施性侵害、性骚扰。

禁止胁迫、引诱、教唆未成年人参加黑社会性质组织或者从事违法犯罪活动。

禁止胁迫、诱骗、利用未成年人乞讨。

第一百零四条 对需要法律援助或者司法救助的未成年人，法律援助机构或者公安机关、人民检察院、人民法院和司法行政部门应当给予帮助，依法为其提供法律援助或者司法救助。

法律援助机构应当指派熟悉未成年人身心特点的律师为未成年人提供法律援助服务。

法律援助机构和律师协会应当对办理未成年人法律援助案件的律师进行指导和培训。

第一百零八条 未成年人的父母或者其他监护人不依法履行监护职责或者严重侵犯被监护的未成年人合法权益的，人民法院可以根据有关人员或者单位的申请，依法作出人身安全保护令或者撤销监护人资格。

被撤销监护人资格的父母或者其他监护人应当依法继续负担抚养费用。

举一反三

在监护人侵害未成年人法律援助案件中，如果未成年人身体受到严重伤害、面临严重人身安全威胁或者处于无人照料等危险状态，法律援助申请人可以及时与法律援助承办人员沟通，共同请求公安机关将其带离实施侵害行为的监护人，就近护送至其他监护人、亲属、村（居）民委员会或者未成年人救助保护机构暂时照料。上述案件中，为保障果果的权益，村委会可以积极咨询法律援助承办人员，综合考虑具体情况决定是否向人民法院提出撤销监护人资格的申请，在此之前，村委会或当地的未成年人救助站应当暂时代为照料果果。

43 未成年人遭受校园欺凌的，如何获得法律援助？

遇事

小陈是某寄宿制初中的学生，因来自农村，受到同寝室其他三位同学的排挤和冷落。2021年8月2日晚上，学校熄灯后，小陈又受到舍友小王、小林、小孙言语辱骂，小陈回击，惹怒了小王。小王解下自己的皮带，勒住小陈的脖子将其绑在床头，并让小林和小孙绑住小陈的双手双脚。小陈不断挣扎辱骂小王，小王便使劲勒住了小陈的脖子，不一会儿小陈的脸色变得铁青，其他三人这才发现不对劲，情急之下却一直解不开皮带。小林赶紧去对面寝室叫了其他同学来帮忙，并报告了一楼的生活老师。生活老师随即赶到现场将小陈送到最近的卫生院治疗。卫生院检查后于当晚将小陈送到县人民医院进行治疗。经诊断，小陈的伤为：1.窒息；2.急性肺水肿；3.缺血缺氧性脑病。经多次转院，先后共开支医疗费25万元。小陈系农村户口，父母长期在外务工，小陈一人寄宿在学校，是典型的留守儿童。自小陈住院后，小陈的父母四处借钱为小陈治病，已经欠下十几万债务。关于小陈的赔偿问题，小陈父母与学校及其他未成年人的监护人多次协商，但并未达成一致意见。无奈之下，小陈的父母来到县里的法律援助中心。根据本案情况，小陈能否获得法律援助？

说法

校园欺凌是发生在校园内外，学生之间的，一方（个体或群体）蓄意或恶意通过肢体、语言及网络等手段实施欺负、侮辱，造成另一方（个体或群体）身体伤害、财产损失或精神损害等的事件。校园欺凌不仅会损害受害者的身体健康，更重要的是会带来精神上和心理上的伤害。为了帮助家庭困难的未成年人维护自身权益，《未成年人保护法》第104条规定，对需要法律

152

援助的未成年人，法律援助机构应当给予帮助。虽然《法律援助法》第31条中并未明确规定遭受身体伤害但施暴者不构成犯罪情况下，受害人能否申请法律援助，但实践中，受害人为未成年人的，出于对未成年人合法权益的保护，各省、自治区、直辖市均会将其纳入援助范围。本案中，小陈父母依据《法律援助法》第40条可以代理小陈申请法律援助。小陈一家经济困难，无力再继续支付医疗费，急需通过法律手段维护合法权益，获得赔偿，满足法律援助条件，应当给予援助。

找法

《法律援助法》

第四十条第一款 无民事行为能力人或者限制民事行为能力人需要法律援助的，可以由其法定代理人代为提出申请。法定代理人侵犯无民事行为能力人、限制民事行为能力人合法权益的，其他法定代理人或者近亲属可以代为提出法律援助申请。

《民法典》

第一千二百条 限制民事行为能力人在学校或者其他教育机构学习、生活期间受到人身损害，学校或者其他教育机构未尽到教育、管理职责的，应当承担侵权责任。

《未成年人保护法》

第三十九条 学校应当建立学生欺凌防控工作制度，对教职员工、学生等开展防治学生欺凌的教育和培训。

学校对学生欺凌行为应当立即制止，通知实施欺凌和被欺凌未成年学生的父母或者其他监护人参与欺凌行为的认定和处理；对相关未成年学生及时给予心理辅导、教育和引导；对相关未成年学生的父母或者其他监护人给予必要的家庭教育指导。

对实施欺凌的未成年学生，学校应当根据欺凌行为的性质和程度，依法加强管教。对严重的欺凌行为，学校不得隐瞒，应当及时向公安机关、教育行政部门报告，并配合相关部门依法处理。

第一百零四条 对需要法律援助或者司法救助的未成年人，法律援助机构或者公安机关、人民检察院、人民法院和司法行政部门应当给予帮助，依法为其提供法律援助或者司法救助。

法律援助机构应当指派熟悉未成年人身心特点的律师为未成年人提供法律援助服务。

法律援助机构和律师协会应当对办理未成年人法律援助案件的律师进行指导和培训。

举一反三

需要明确的是，校园欺凌在本质上是一种侵权行为，校园欺凌中的施暴者应当承担法律责任，严重时甚至会触犯刑法。根据《未成年人法律援助服务指引（试行）》的规定，涉及教育机构侵权的法律援助案件中，未成年人的法定代理人应当在法律援助承办人员的帮助下积极与校方协商，或者向教育行政主管部门申请调解，避免激化矛盾。

七、未成年人法律援助

44 未成年人在请求支付劳动报酬时，如何获得法律援助？

遇事

周某今年15岁，由妈妈独自抚养长大，家中经济比较困难。2022年暑假期间，周某想要自己赚点生活费，于是到徐某的烧烤店打暑假工。因徐某的烧烤店经营规模比较小，双方并未签订劳动合同，只是口头约定周某在烧烤店工作一个月，工作时间为晚上7点到次日凌晨5点，徐某支付周某3000元工资。到月底结算工资时，徐某却以周某是未成年人，没有给店里帮上多少忙为由，只支付了1500元工资。后周某多次向徐某索要剩余工资，徐某一直以各种理由搪塞。3个月后，周某在母亲的陪伴下来到法律援助中心咨询，不知自己这种情况能否获得法律援助？

说法

《未成年人保护法》第61条和《劳动法》第15条均明确规定，任何组织或者个人不得招用未满16周岁未成年人，国家另有规定的除外。实践中通常认为使用童工的，是非法用工，双方之间不属于劳动关系。但是这种非法用工关系的实质内容具备劳动关系的特征，因此未成年人通过劳作获得劳动报酬的权利仍受法律保护。《法律援助法》第31条规定，请求支付劳动报酬的当事人，因经济困难没有委托代理人的，可以向法律援助机构申请法律援助。为帮助弱势群体及时维护自身合法权益，《法律援助法》第42条规定，无固定生活来源的未成年人申请法律援助的，可以免予核查经济困难状况。

本案中，小周家庭困难，为了帮助家庭缓解经济压力在暑期打暑假工，满足法律援助条件，可以获得法律援助。小周为未成年人，其母亲可以依据

155

《法律援助法》第40条代理小周申请法律援助。

找法

《法律援助法》

第三十一条 下列事项的当事人，因经济困难没有委托代理人的，可以向法律援助机构申请法律援助：

（一）依法请求国家赔偿；

（二）请求给予社会保险待遇或者社会救助；

（三）请求发给抚恤金；

（四）请求给付赡养费、抚养费、扶养费；

（五）请求确认劳动关系或者支付劳动报酬；

（六）请求认定公民无民事行为能力或者限制民事行为能力；

（七）请求工伤事故、交通事故、食品药品安全事故、医疗事故人身损害赔偿；

（八）请求环境污染、生态破坏损害赔偿；

（九）法律、法规、规章规定的其他情形。

第四十条第一款 无民事行为能力人或者限制民事行为能力人需要法律援助的，可以由其法定代理人代为提出申请。法定代理人侵犯无民事行为能力人、限制民事行为能力人合法权益的，其他法定代理人或者近亲属可以代为提出法律援助申请。

第四十二条 法律援助申请人有材料证明属于下列人员之一的，免予核查经济困难状况：

（一）无固定生活来源的未成年人、老年人、残疾人等特定群体；

（二）社会救助、司法救助或者优抚对象；

（三）申请支付劳动报酬或者请求工伤事故人身损害赔偿的进城务工人员；

（四）法律、法规、规章规定的其他人员。

七、未成年人法律援助

《劳动法》

第十五条 禁止用人单位招用未满十六周岁的未成年人。

文艺、体育和特种工艺单位招用未满十六周岁的未成年人，必须遵守国家有关规定，并保障其接受义务教育的权利。

《未成年人保护法》

第六十一条 任何组织或者个人不得招用未满十六周岁未成年人，国家另有规定的除外。

营业性娱乐场所、酒吧、互联网上网服务营业场所等不适宜未成年人活动的场所不得招用已满十六周岁的未成年人。

招用已满十六周岁未成年人的单位和个人应当执行国家在工种、劳动时间、劳动强度和保护措施等方面的规定，不得安排其从事过重、有毒、有害等危害未成年人身心健康的劳动或者危险作业。

任何组织或者个人不得组织未成年人进行危害其身心健康的表演等活动。经未成年人的父母或者其他监护人同意，未成年人参与演出、节目制作等活动，活动组织方应当根据国家有关规定，保障未成年人合法权益。

举一反三

为维护未成年人合法权益，各地法律援助条例在《法律援助法》的基础上扩大了援助范围，部分地区直接规定"未成年人合法权益受到侵害的案件中，因经济困难没有委托代理人的，可以申请法律援助"。这些规定极大降低了未成年人申请法律援助的门槛，为保护未成年人合法权益保驾护航。此外，无论是未成年工还是成年工，作为劳动者都享有法律赋予的平等权利，同时也要履行法律规定的义务。虽然《劳动法》禁止用人单位招用未满16周岁的未成年人，但未成年通过劳动获得报酬的权利仍受法律保护。

45 未成年人违法犯罪的，如何获得法律援助？

遇事

七、未成年人法律援助

说法

未成年人正处于生理发育和心理发展的特殊时期，心智尚不成熟，具有感情用事、容易冲动等特点，因此我国法律对违法犯罪的未成年人，实行教育、感化、挽救的方针，坚持教育为主、惩罚为辅的原则。为帮助违法犯罪的未成年人改过自新，给他们一个重返社会的机会，《法律援助法》第25条规定，刑事案件的犯罪嫌疑人、被告人是未成年人，没有委托辩护人的，人民法院、人民检察院、公安机关应当通知法律援助机构指派律师担任辩护人。根据该条规定，为刑事案件中的未成年犯罪嫌疑人、被告人提供法律援助属于法定情形。本案被告人小宋没有父母，监护人奶奶对其疏于管教，使其遇事不能冷静思考，不能正确处理，进而触犯刑法。但小宋事后立即拨打了120和110，及时救助了受伤的小李，并主动自首，可见其具有悔过心理。《法律援助法》第40条规定，被羁押的犯罪嫌疑人、被告人可以由其法定代理人或者近亲属代为提出法律援助申请。

本案中，小宋满足获得法律援助的条件，小宋的奶奶可以向法院申请指定法律援助律师，人民法院收到申请后应及时通知当地的法律援助中心为小宋指派律师提供辩护。

找法

《法律援助法》

第二十五条 刑事案件的犯罪嫌疑人、被告人属于下列人员之一，没有委托辩护人的，人民法院、人民检察院、公安机关应当通知法律援助机构指派律师担任辩护人：

（一）未成年人；

（二）视力、听力、言语残疾人；

（三）不能完全辨认自己行为的成年人；

（四）可能被判处无期徒刑、死刑的人；

（五）申请法律援助的死刑复核案件被告人；

（六）缺席审判案件的被告人；

（七）法律法规规定的其他人员。

其他适用普通程序审理的刑事案件，被告人没有委托辩护人的，人民法院可以通知法律援助机构指派律师担任辩护人。

第四十条 无民事行为能力人或者限制民事行为能力人需要法律援助的，可以由其法定代理人代为提出申请。法定代理人侵犯无民事行为能力人、限制民事行为能力人合法权益的，其他法定代理人或者近亲属可以代为提出法律援助申请。

被羁押的犯罪嫌疑人、被告人、服刑人员，以及强制隔离戒毒人员，可以由其法定代理人或者近亲属代为提出法律援助申请。

《未成年人保护法》

第一百一十三条 对违法犯罪的未成年人，实行教育、感化、挽救的方针，坚持教育为主、惩罚为辅的原则。

对违法犯罪的未成年人依法处罚后，在升学、就业等方面不得歧视。

举一反三

刑事案件中法律援助的覆盖面是非常广的。除犯罪嫌疑人、被告人是未成年人外，《法律援助法》还规定，犯罪嫌疑人、被告人是视力、听力、言语残疾人，不能完全辨认自己行为的成年人，可能被判处无期徒刑、死刑的人，申请法律援助的死刑复核案件被告人，缺席审判案件的被告人等人员的，人民法院、人民检察院、公安机关等办案机关也应当通知法律援助机构指派律师担任辩护人。

八

老年人法律援助

八、老年人法律援助

46 老年人为追索赡养费的，如何申请法律援助？

遇事

费某某，女，现年78岁，曾有两次婚姻，共育有沈某1、沈某2、赵某1、赵某2等四名子女，其中赵某1已故，其他三名子女均已成家。费某某现独居于某中学宿舍，靠拾荒和领取低保金度日。费某某患有多项老年人常见病，随着身体越来越差，费某某需要子女对其进行照顾，但沈某1和沈某2因母亲多年前的再婚，内心耿耿于怀，不愿赡养；赵某2以还要赡养父亲为由拒绝赡养母亲。费某某应如何通过法律援助追索赡养费？

说法

成年子女赡养年老父母不仅是中华民族的传统美德，也是法律赋予成年子女必须履行的义务。《宪法》《民法典》《老年人权益保障法》均规定，成年子女应履行对年老父母的赡养义务，赡养包括经济上的供养、生活上的照料和精神上的慰借。为了帮助老年人维护自身合法权益，《法律援助法》第31条将当事人追索赡养费纳入法律援助的范围，当事人在符合法律规定的经济困难标准时可以申请法律援助。经济困难的标准，由省、自治区、直辖市人民政府根据本行政区域经济发展状况和法律援助工作需要确定，并实行动态调整。目前，部分地区将享受低保的人群定义为经济困难人群，也有些地区将该范围扩大至当地最低收入以下人群。《法律援助法》完善了经济困难核查机制，规定了申请人应"如实说明经济困难状况"，实行个人诚信承诺，以减轻申请人开具证明的困难。本案中，费某某要求其两段婚姻中的子女履行赡养义务，属于法律援助范围，可以申请法律援助。费某某在生活上主要依靠城市低保和拾荒，符合申请法律援助的"经济困难"条件，其到法律援助部门提出申请时只需说明经济困难状况，签署诚信承诺即可。

163

找法

《宪法》

第四十九条 婚姻、家庭、母亲和儿童受国家的保护。

夫妻双方有实行计划生育的义务。

父母有抚养教育未成年子女的义务，成年子女有赡养扶助父母的义务。

禁止破坏婚姻自由，禁止虐待老人、妇女和儿童。

《法律援助法》

第三十一条 下列事项的当事人，因经济困难没有委托代理人的，可以向法律援助机构申请法律援助：

（一）依法请求国家赔偿；

（二）请求给予社会保险待遇或者社会救助；

（三）请求发给抚恤金；

（四）请求给付赡养费、抚养费、扶养费；

（五）请求确认劳动关系或者支付劳动报酬；

（六）请求认定公民无民事行为能力或者限制民事行为能力；

（七）请求工伤事故、交通事故、食品药品安全事故、医疗事故人身损害赔偿；

（八）请求环境污染、生态破坏损害赔偿；

（九）法律、法规、规章规定的其他情形。

第四十一条 因经济困难申请法律援助的，申请人应当如实说明经济困难状况。

法律援助机构核查申请人的经济困难状况，可以通过信息共享查询，或者由申请人进行个人诚信承诺。

法律援助机构开展核查工作，有关部门、单位、村民委员会、居民委员会和个人应当予以配合。

八、老年人法律援助

《老年人权益保障法》

第十四条 赡养人应当履行对老年人经济上供养、生活上照料和精神上慰藉的义务,照顾老年人的特殊需要。

赡养人是指老年人的子女以及其他依法负有赡养义务的人。

赡养人的配偶应当协助赡养人履行赡养义务。

举一反三

需要注意的是,虽然《民法典》和《老年人权益保障法》明确规定,成年子女对年老父母的赡养不仅是经济上的供养,还应当包括生活上的照料和精神上的慰藉,但司法实践中,老年人针对前两种内容单独起诉的,人民法院一般应当受理,对第三种内容单独起诉的,人民法院则很难受理。从《法律援助法》第31条的规定可以看出,只有对于老年人追索赡养费的,可以给予法律援助。如果老年人申请法律援助,要求子女"常回家看看",应当不在法律援助范畴。

另外,提醒老年朋友注意,在追索赡养费过程中,如果被执行人没有能力支付赡养费的,老年朋友生活困难的,可以申请司法救助。

47 老年人遭遇家暴的，如何申请法律援助？

遇事

张某（女），65岁，退休后独居。儿子高某为了将母亲名下住房据为己有，多次散布张某精神不正常、经常被电信诈骗，后以要"保护"母亲财产为由，逼迫张某搬出。但张某希望自己独居，独立支配自己的退休金等合法财产。2021年，高某多次至张某家中对母亲大声斥骂、威胁，并持斧头砸坏屋内物品，逼迫母亲搬走，并抢走母亲手机、砍断电话线以防止其报警。此后，高某又陆续搬走张某房内的冰箱、电视机、保健床垫、按摩椅等家具电器并更换门锁，导致张某有家不能归。张某极度痛苦，想通过法律援助维护自己权益，但邻居提醒说，你有退休金不属于经济困难，不能申请法律援助。根据本案情况，张某能否获得法律援助？

说法

根据《民法典》第26条的规定，成年子女对负有父母赡养、扶助和保护的义务。经济上的供养是赡养人以自己的能力承担一定的经济责任，对父母提供必要的经济帮助，而不是以父母的财产履行"赡养"义务。老年人对自己的财产有独立支配权，子女不得以"为父母好"等任何理由侵犯老年人的合法财产权益，更不得对老年人实施谩骂、威胁、殴打、限制人身自由等家庭暴力行为。当老年人面临家庭暴力的时候，可以依据《法律援助法》第32条第4项的规定申请法律援助，这种法律援助不受经济困难的条件限制，体现了法律对遭受虐待、遗弃或者家庭暴力等特殊人群的保护。

本案中，高某为人子女不仅不尽赡养义务，甚至对母亲恶语相向，"劫夺"其财产。高某实施的经常性辱骂、打砸、逼迫等行为已经符合了《反家庭暴力法》中家庭暴力的构成条件。张某邻居的说法符合一般情况下法律援助"经济困难"的条件，但并不适用于申请人是家庭暴力受害人的情况。因此，张某可以向法律援助机构提出援助申请，法律援助机构应当为其提供法律援助。

找法

《法律援助法》

第三十二条 有下列情形之一，当事人申请法律援助的，不受经济困难条件的限制：

（一）英雄烈士近亲属为维护英雄烈士的人格权益；

（二）因见义勇为行为主张相关民事权益；

（三）再审改判无罪请求国家赔偿；

（四）遭受虐待、遗弃或者家庭暴力的受害人主张相关权益；

（五）法律、法规、规章规定的其他情形。

《反家庭暴力法》

第二条 本法所称家庭暴力，是指家庭成员之间以殴打、捆绑、残害、限制人身自由以及经常性谩骂、恐吓等方式实施的身体、精神等侵害行为。

《最高人民法院关于办理人身安全保护令案件适用法律若干问题的规定》

第三条 家庭成员之间以冻饿或者经常性侮辱、诽谤、威胁、跟踪、骚扰等方式实施的身体或者精神侵害行为，应当认定为反家庭暴力法第二条规定的"家庭暴力"。

《老年人权益保障法》

第十六条 赡养人应当妥善安排老年人的住房，不得强迫老年人居住或者迁居条件低劣的房屋。

老年人自有的或者承租的住房，子女或者其他亲属不得侵占，不得擅自改变产权关系或者租赁关系。

老年人自有的住房，赡养人有维修的义务。

第二十二条第一款 老年人对个人的财产，依法享有占有、使用、收益、处分的权利，子女或者其他亲属不得干涉，不得以窃取、骗取、强行索取等方式侵犯老年人的财产权益。

第二十五条 禁止对老年人实施家庭暴力。

举一反三

提醒老年朋友注意，国家为了更好地推动法律援助便民利民惠民，拓宽了援助申请的渠道，不仅可以现场申请，也可以通过电话、网络进行咨询，司法部门的法律援助中心咨询热线为12348，老年人可以通过各种途径申请法律援助，根据老年人的身体状况，有些地区在接到电话或者网络申请后，会提供上门服务，便于老年人办理援助手续。

此外，从《法律援助法》第32条第4项的规定来看，除了遭受家庭暴力时申请法律援助不受经济困难的限制外，对遭受虐待和遗弃的人也给予了同样的法律保护。老年人往往是家庭中的弱者，可能遭受虐待或者遗弃。遇到这些情况，老年人应当勇敢地拿起法律武器维护自己的合法权益。

八、老年人法律援助

48 老年人意欲变更监护人的，能否申请法律援助？

遇事

闻某某现年84岁，年幼时因患小儿麻痹症导致肢体残疾，现患有轻度阿尔兹海默病（俗称老年痴呆），父母、妻子均已过世，有一女闻某玲。闻某玲得知闻某某的房屋可能会被拆迁，将有一笔可观的拆迁安置费，遂在闻某某不知情的情况下，申请对闻某某行为能力鉴定并指定自己为监护人，并采取欺骗的方式骗得闻某某进行了鉴定。经鉴定，法院判决宣告闻某某为限制民事行为能力人，并指定闻某玲为其监护人。闻某某靠低保度日，闻某玲常年对闻某某不闻不问，多亏侄女闻某华常常接济，生活才能无忧。因此闻某某得知闻某玲的所作所为后很是气愤，想让闻某华作为自己的监护人。闻某玲得知情况后，多次到闻某某家中大闹，并辱骂闻某华，称其居心不良。闻某某年岁已高，又患有阿尔兹海默病，不知道该怎么办，经邻居提醒，意欲申请法律援助。根据本案情况，闻某某能否获得法律援助？

说法

阿尔兹海默病（俗称老年痴呆症）这种病会恶化老年人的行为和认知能力，甚至忘记亲人。这些患者在失去认知能力后，其人身权利、财产权利及其他合法权益都处于无人保护的状态，这时就需要有人来对其进行人身保护和财产管理。我国《民法典》以最有利于被监护人原则和尊重被监护人真实意愿基础上建立了新监护制度体系，尊重被监护人自主决定权。虽然《法律援助条例》和《法律援助法》中都没有将变更监护人作为可以申请法律援助的事项，但从保护老年人的合法权益角度，很多地区根据《法律援助条例》第10条第2款"省、自治区、直辖市人民政府可以对前款规定以外的法律援

169

助事项作出补充规定"和《法律援助法》第31条第9项"法律、法规、规章规定的其他情形"的规定，放宽了老年人申请法律援助的范围。本案中，闻某某属于限制行为能力人，能够表达自己的意愿，可以为自己选定监护人。闻某某虽然有自有住房，但主要依靠低保生活，符合法律援助法的经济困难标准。由于闻某某年事已高，行动不便，又患有阿尔兹海默病，表达上存在一定障碍，可以由其侄女闻某华作为代理人申请法律援助。

找法

《法律援助法》

第二十三条　法律援助机构应当通过服务窗口、电话、网络等多种方式提供法律咨询服务；提示当事人享有依法申请法律援助的权利，并告知申请法律援助的条件和程序。

第三十一条　下列事项的当事人，因经济困难没有委托代理人的，可以向法律援助机构申请法律援助：

（一）依法请求国家赔偿；

（二）请求给予社会保险待遇或者社会救助；

（三）请求发给抚恤金；

（四）请求给付赡养费、抚养费、扶养费；

（五）请求确认劳动关系或者支付劳动报酬；

（六）请求认定公民无民事行为能力或者限制民事行为能力；

（七）请求工伤事故、交通事故、食品药品安全事故、医疗事故人身损害赔偿；

（八）请求环境污染、生态破坏损害赔偿；

（九）法律、法规、规章规定的其他情形。

《民法典》

第二十八条　无民事行为能力或者限制民事行为能力的成年人，由下列有监护能力的人按顺序担任监护人：

（一）配偶；

（二）父母、子女；

（三）其他近亲属；

（四）其他愿意担任监护人的个人或者组织，但是须经被监护人住所地的居民委员会、村民委员会或者民政部门同意。

第三十条 依法具有监护资格的人之间可以协议确定监护人。协议确定监护人应当尊重被监护人的真实意愿。

第三十一条第一款 对监护人的确定有争议的，由被监护人住所地的居民委员会、村民委员会或者民政部门指定监护人，有关当事人对指定不服的，可以向人民法院申请指定监护人；有关当事人也可以直接向人民法院申请指定监护人。

举一反三

需要注意的是，根据《民法典》第31条的规定，对监护人的确定有争议的，由被监护人住所地的居民委员会、村民委员会或者民政部门指定监护人，有关当事人对指定不服的，可以向人民法院申请指定监护人；有关当事人也可以直接向人民法院申请指定监护人。若有监护资格的人无法履行监护职责，村委会或者居委会可以担任监护人。

49 老年人请求支付劳动报酬的，能否申请法律援助？

遇事

张某，女，65岁，2013年退休，退休前是铁路车辆段的职工，退休金4000余元，独生子每月支付赡养费500元。张某是一个爱热闹的人，不愿意一个人在家独处，十余年间曾在几家超市打工。2020年8月，张某到某超市从事营业员工作，约定月工资为2580元，因超市觉得没有必要签订劳动合同，张某非常想要这份工作，也就没有坚持。自张某开始工作，超市每月都未足额支付其工资。2023年2月，张某离职后，提起劳动仲裁，要求超市偿付所欠工资，但劳动人事争议仲裁委员会因张某超过法定退休年龄，对其提起的劳动争议仲裁申请不予受理。经了解，张某得知可以向法院起诉，但对诉讼程序等相关制度并不了解，意欲申请法律援助。根据本案情况，张某能否获得法律援助？

说法

根据《法律援助法》第31条的规定，请求支付劳动报酬的事项属于可以申请法律援助的范围，但当事人还应当符合经济困难的条件。本案中，张某是在退休后享受退休金的情况下再就业，退休金4000余元，加上独生子每月支付的赡养费，每月有4500余元的生活费用。再就业的原因并非有其他经济负担，而是为了调剂退休后的独处时光。根据我国各地法律援助经济困难标准，要么是低保标准，要么是低保的两倍标准，或者是最低工资收入标准，显然，张某不符合法律援助的条件。

八、老年人法律援助

找法

《法律援助法》

第三十一条　下列事项的当事人,因经济困难没有委托代理人的,可以向法律援助机构申请法律援助:

(一)依法请求国家赔偿;

(二)请求给予社会保险待遇或者社会救助;

(三)请求发给抚恤金;

(四)请求给付赡养费、抚养费、扶养费;

(五)请求确认劳动关系或者支付劳动报酬;

(六)请求认定公民无民事行为能力或者限制民事行为能力;

(七)请求工伤事故、交通事故、食品药品安全事故、医疗事故人身损害赔偿;

(八)请求环境污染、生态破坏损害赔偿;

(九)法律、法规、规章规定的其他情形。

第三十三条　当事人不服司法机关生效裁判或者决定提出申诉或者申请再审,人民法院决定、裁定再审或者人民检察院提出抗诉,因经济困难没有委托辩护人或者诉讼代理人的,本人及其近亲属可以向法律援助机构申请法律援助。

第三十四条　经济困难的标准,由省、自治区、直辖市人民政府根据本行政区域经济发展状况和法律援助工作需要确定,并实行动态调整。

举一反三

近几年,老年人再就业的现象屡见不鲜,无论是何种就业原因,国家都鼓励老年人在力所能及的范围内继续发光发热。需要注意的是,再就业过程中,老年人应增强法律意识,一定要与用人单位签订劳动合同或者劳务合同，明确双方权利义务，依法保护自身权益。即使用人单位因各种原因拒绝签订合同，老年人也要提高警惕，留好用工的相关证据，一旦引发纠纷即可证明与用人单位存在合同关系，以维护自己的权益。

此外，老年人还应当注意，根据《最高人民法院关于审理劳动争议案件适用法律若干问题的解释（一）》第32条的规定，享受养老保险待遇或者领取养老金的人员，继续与用工单位建立用工关系的应当认定为劳务关系。本案中，张某由于已经退休并领取退休金，因此，即使其与用人单位签订所谓的劳动合同，双方之间的用工关系也只能认定为劳务关系，不能依据《劳动合同法》的相关规定维护自己的权利，所以劳动仲裁机构才有如上处理。不可否认的是，张某虽然没有与被告签订合同，但是形成了事实上的劳务关系，被告未足额支付劳动报酬，其行为构成违约。张某向法院起诉后，其诉讼请求也最终获得了支持，法院判决被告支付劳动报酬的差额部分。

八、老年人法律援助

50 无固定生活来源的老年人在申请法律援助时是否需要审查经济情况？

遇事

扫一扫，听案情

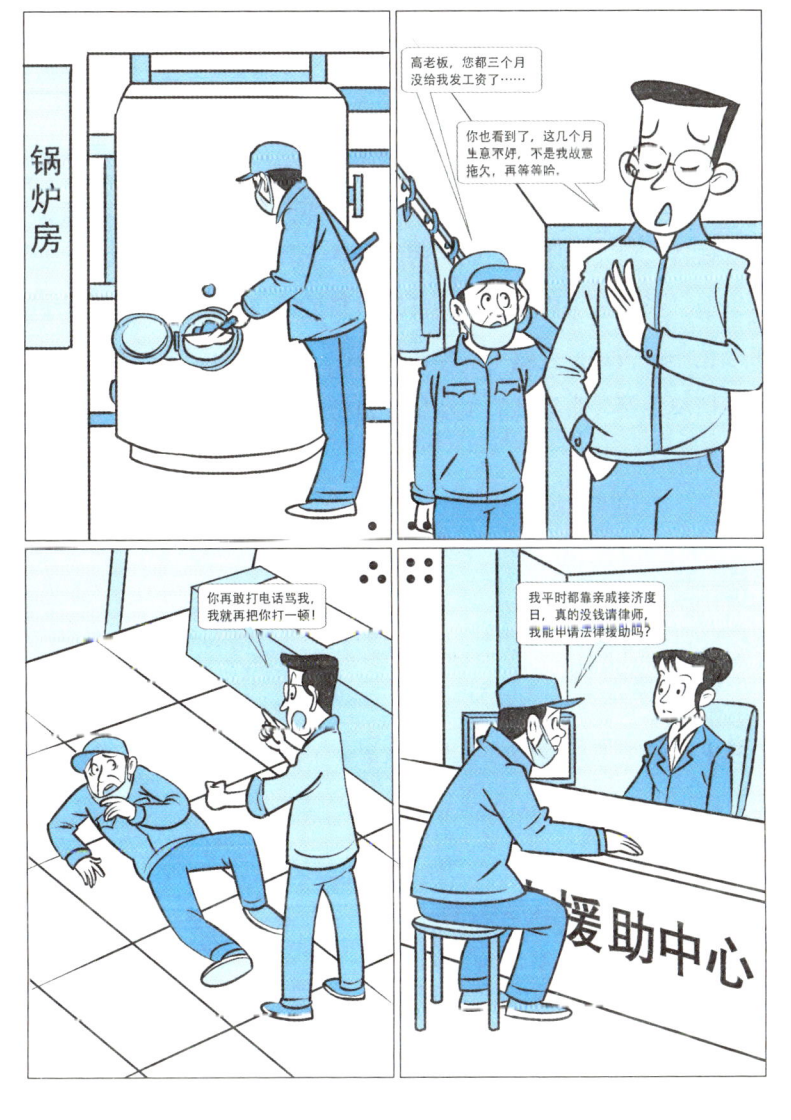

说法

根据《法律援助法》的规定，请求人身损害赔偿和支付劳动报酬的事项均属于可以申请法律援助的范围，当事人符合经济困难的条件，就能够获得法律援助。根据《法律援助法》第42条的规定，有证明材料证实属于无固定生活来源的老年人，无需核查经济情况。结合司法实践，《法律援助法》中所要求的无固定生活来源的老年人的证明材料包括但不限于以下几项，户籍证明，用以证明其无配偶、无子女，无外来经济来源；身份证件，可以证明其年龄已满60周岁，属于法律规定的老年人；银行卡流水及情况说明，证明没有固定收入；享受低保的，可以提交低保证，也可以证明没有其他生活来源以及现在生活经济状况。本案中，张某某年逾六旬，独身一人，没有配偶和子女经济扶持，除了在干洗店的微薄工资并无其他收入，现在因为与高某的矛盾被辞退。张某某可以提供上述证明材料证明自己无固定收入，法律援助机关可以免予核查其是否属于"经济困难"而为其提供法律援助。其实，从本案实际情况来看，张某某的生活状况也符合"经济困难"的条件，能够获得法律援助。

找法

《法律援助法》

第三十一条 下列事项的当事人，因经济困难没有委托代理人的，可以向法律援助机构申请法律援助：

（一）依法请求国家赔偿；

（二）请求给予社会保险待遇或者社会救助；

（三）请求发给抚恤金；

（四）请求给付赡养费、抚养费、扶养费；

（五）请求确认劳动关系或者支付劳动报酬；

（六）请求认定公民无民事行为能力或者限制民事行为能力；

（七）请求工伤事故、交通事故、食品药品安全事故、医疗事故人身损害赔偿；

（八）请求环境污染、生态破坏损害赔偿；

（九）法律、法规、规章规定的其他情形。

第四十二条 法律援助申请人有材料证明属于下列人员之一的，免予核查经济困难状况：

（一）无固定生活来源的未成年人、老年人、残疾人等特定群体；

（二）社会救助、司法救助或者优抚对象；

（三）申请支付劳动报酬或者请求工伤事故人身损害赔偿的进城务工人员；

（四）法律、法规、规章规定的其他人员。

第四十七条 受援人应当向法律援助人员如实陈述与法律援助事项有关的情况，及时提供证据材料，协助、配合办理法律援助事项。

举一反三

需要注意的是，法律援助律师接受指派后即与受援人建立了工作关系，受援人应当如实陈述案件事实，并根据律师要求提供相关证据材料，律师才能更好地提供援助服务。

51 老年人能否为他人代为申请法律援助？

遇事

老徐（男，60岁）刚刚从某单位退休，妻子是家庭妇女，两人有一子小徐，32岁，尚未结婚。小徐为某公司员工，2022年8月，被公司派往河北省石家庄市从事为期两个星期的业务拓展工作。到达石家庄后，小徐在准备生活用品时，突发脑出血陷入昏迷，送往医院进行抢救，后医院宣布为植物人。老徐夫妻俩无法接受这个结果，坚持进行治疗。同时与公司沟通，要求为儿子认定工伤。公司认为，小徐身体肥胖（身高175cm，体重高达240斤），患有高血压等疾病，就是因为这些疾病才导致的植物人，不同意认定为工伤。老徐向某市人力资源和社会保障局申请认定工伤，该局审查后作出不予认定工伤决定书。小徐没出事前，老徐的家庭经济状况比较平稳。小徐出事后，老徐老两口的积蓄几乎都用于儿子的治疗，仅靠老徐的退休金和小徐的低保维持三人的日常生活，已经捉襟见肘。老徐不服上述不予认定工伤的决定，欲通过行政诉讼解决。根据本案情况，老徐能否申请法律援助？

说法

根据《法律援助法》第31条第7项的规定，当事人请求工伤事故人身损害赔偿，因经济困难没有委托代理人的，可以申请法律援助。《民法典》第28条规定，无民事行为能力或者限制民事行为能力的成年人，由配偶、父母、子女，其他近亲属，其他愿意担任监护人并经被监护人所在地的居民委员会、村民委员会或民政部门同意的个人或者组织按顺序担任监护人，代理被监护人实施民事法律行为，保护被监护人的人身权利、财产权利以及其他合法权益等。《法律援助法》作为提供公益法律服务的法律保障制度法与《民法典》保持法律精神的高度统一，该法第40条规定，无民事行为能力人或者限制民事行为能力人需要法律援助的，可以由其法定代理人代为申请。

　　本案中，小徐因工伤认定与行政机关的行政诉讼属于法律援助范围。小徐被确定为植物人，虽然呈意识障碍或昏迷状态，但依然有自主呼吸，具有民事主体资格，只是没有民事行为能力，需要其监护人代理实施民事法律行为。无民事行为能力成年人的监护人按照配偶、父母或者子女、其他近亲属顺序确定，小徐没有结婚，其父母为其监护人，而且老徐具有民事行为能力，因此其既可以代为申请法律援助，也可以作为法定代理人提起并参与诉讼。从本案情况来看，因公司与小徐解除了劳动合同，老徐为其申请了低保，符合经济困难条件，应当给予法律援助。

找法

《法律援助法》

　　第三十一条　下列事项的当事人，因经济困难没有委托代理人的，可以向法律援助机构申请法律援助：

　　（一）依法请求国家赔偿；

　　（二）请求给予社会保险待遇或者社会救助；

　　（三）请求发给抚恤金；

　　（四）请求给付赡养费、抚养费、扶养费；

　　（五）请求确认劳动关系或者支付劳动报酬；

　　（六）请求认定公民无民事行为能力或者限制民事行为能力；

　　（七）请求工伤事故、交通事故、食品药品安全事故、医疗事故人身损害赔偿；

　　（八）请求环境污染、生态破坏损害赔偿；

　　（九）法律、法规、规章规定的其他情形。

　　第四十条第一款　无民事行为能力人或者限制民事行为能力人需要法律援助的，可以由其法定代理人代为提出申请。法定代理人侵犯无民事行为能力人、限制民事行为能力人合法权益的，其他法定代理人或者近亲属可以代为提出法律援助申请。

《民法典》

第二十八条　无民事行为能力或者限制民事行为能力的成年人，由下列有监护能力的人按顺序担任监护人：

（一）配偶；

（二）父母、子女；

（三）其他近亲属；

（四）其他愿意担任监护人的个人或者组织，但是须经被监护人住所地的居民委员会、村民委员会或者民政部门同意。

第三十四条　监护人的职责是代理被监护人实施民事法律行为，保护被监护人的人身权利、财产权利以及其他合法权益等。

监护人依法履行监护职责产生的权利，受法律保护。

监护人不履行监护职责或者侵害被监护人合法权益的，应当承担法律责任。

因发生突发事件等紧急情况，监护人暂时无法履行监护职责，被监护人的生活处于无人照料状态的，被监护人住所地的居民委员会、村民委员会或者民政部门应当为被监护人安排必要的临时生活照料措施。

举一反三

需要注意的是，代理他人申请法律援助的，代理人应当提交有代理权资格的证明，如结婚证、户口本等能够证明配偶、父母、子女关系的证明材料。

另外，需要注意的是，在很多地区，植物人的亲属可以持医院出具的诊断证明为植物人申领残疾人证，各地给予残疾人在申请法律援助的范围和条件方面更多的倾斜和保护。

八、老年人法律援助

52 老人因房屋继承引发纠纷的，能否申请法律援助？

遇事

周先生（88岁）与妻子钱女士于1994年结婚，二人均系再婚，周先生与前妻没有生育子女，钱女士和前任丈夫生育了两个儿子，二人离婚时约定，大儿子林某明归女方抚养，小儿子林某峰归男方抚养。

钱女士与周先生结婚时大儿子林某明已成家，因担心将来母亲遗产被周先生分走，林某明对母亲再婚百般反对甚至阻挠。因创业失败，林某明便带着妻子和儿子强行住进了钱女士和周先生居住的房屋。但因家庭琐事双方争吵不断，老夫妻无奈之下搬出在外租房居住。随着林某明经济条件的改善，钱女士与其商量让他们搬出，要卖掉自己的房子用于看病养老，林某明坚决不同意，拒绝搬出钱女士的房子。后钱女士病情加重，2022年因病离世，未来得及留下遗嘱。在钱女士过世后，周先生在亲戚的帮助下操办了钱女士的丧葬，林某明参加了追悼会，林某峰未参加。周先生与林某明协商继承钱女士名下房屋，遭到拒绝。周先生有每月将近3000元的退休金，但因给钱女士治病，不仅花光了二人的积蓄，还借了5万元外债。无奈之下，周先生向法律援助中心提出申请，欲通过法律途径解决。根据本案情况，周先生能否获得法律援助？

说法

因继承问题陷入法律纠纷是老年人想要通过法律援助解决的常见问题，有些继承问题可能影响到老年人的未来生活，因此老年人的继承问题在很多地区都被列入法律援助范围。本案中，周先生年岁已高，患有冠心病等老年人疾病，参与诉讼、组织证据以及与法院和被告对接都存在一定的困难，需

181

要有人帮助；而且周先生没有自住房，只有每月近3000元的退休金，除了付房屋租金，还要偿付外债，经济困难，符合援助的条件，应当给予法律援助。

找法

《法律援助法》

第三十一条　下列事项的当事人，因经济困难没有委托代理人的，可以向法律援助机构申请法律援助：

（一）依法请求国家赔偿；

（二）请求给予社会保险待遇或者社会救助；

（三）请求发给抚恤金；

（四）请求给付赡养费、抚养费、扶养费；

（五）请求确认劳动关系或者支付劳动报酬；

（六）请求认定公民无民事行为能力或者限制民事行为能力；

（七）请求工伤事故、交通事故、食品药品安全事故、医疗事故人身损害赔偿；

（八）请求环境污染、生态破坏损害赔偿；

（九）法律、法规、规章规定的其他情形。

第三十四条　经济困难的标准，由省、自治区、直辖市人民政府根据本行政区域经济发展状况和法律援助工作需要确定，并实行动态调整。

举一反三

应当注意的是，在我国部分地区，从保护老年人合法权益角度出发，考虑到老年人经济、身体状况，为80岁以上的老年人开通法律援助"绿色通道"，无需"经济困难"或者无生活来源等条件即可获得

八、老年人法律援助

法律援助。但由于各省、自治区、直辖市因本地经济发展水平不同，各自拓展的援助范围以及援助通道各有不同，因此，当地是否开通绿色通道，需要当事人在申请时进行询问。

此外，在继承纠纷中，继承人之间都存在亲属关系。从弘扬社会主义核心价值观和家庭美德角度出发，对于继承纠纷的解决，法律提倡继承人之间应当以亲情为先，互谅互让，心平气和地解决问题。本案中，钱女士名下的房产是婚前公租房，但婚后与周先生共同出资购买，因此应当属于夫妻共同财产。根据《民法典》继承编的规定，在夫妻一方去世后，另一方对其遗产享有继承权。因钱女士并未立下遗嘱，所以应当按照法定继承来确定继承份额。

53 老人为解除收养关系的，能否申请法律援助？

遇事

隋某（女，75岁）与苏某（已故）系夫妻，二人无婚生子女，于1989年收养一女孩，取名苏某玲并将其抚育成人。在苏某病故后，隋某随苏某玲到广东地区生活，苏某玲借口没有时间照顾隋某，将隋某送到养老院，隋某无法习惯养老院的生活，想要回东北农村老家，但苏某玲不同意。双方因此争吵不休，关系不断恶化，隋某身心痛苦，想要解除与苏某玲的收养关系，并要求苏某玲自解除收养关系后支付其每月的生活费。根据隋某的情况，其能否申请法律援助？

说法

根据《法律援助法》第31条的规定，法律援助主要为涉及特定人身权和财产权的经济困难公民提供法律帮助。其第4项规定了符合条件的请求给付赡养费、抚养费、扶养费的属于法律援助范围。从目前各地关于老年人法律援助的政策与实践做法来看，因老年人与养子女关系恶化直接影响到老年人的生活和赡养问题，关涉老年人的权益保障，解除与养子女的收养关系在一些地区被纳入法律援助的范围。本案中，除了靠养女赡养，隋某无其他收入来源。又因年龄和身体状况，也无法通过劳动维持生活，隋某确属经济困难，符合提供法律援助的条件，应当给予法律援助。其住所地的法律援助中心经过审查后认为隋某符合《法律援助法》的规定，为其指派了援助律师。在法律援助律师的帮助下，隋某向法院提交了户籍信息，隋某老家的邻居也证明了隋某与苏某玲的收养关系，养老院也出具说明证明隋某与苏某玲之间的关系紧张。法院支持了隋某的诉讼请求，解除了其与苏某玲的事实收养关系。

根据法律规定，收养关系存续期间，符合法律规定的条件时，允许一方提出解除收养关系或者双方合意后协商解除。养父母与成年养子女解除收养关系后，养子女应当对缺乏经济来源又无劳动能力的养父母支付生活费。据此，法律援助律师帮助隋某提出诉讼请求，要求苏某玲每月支付隋某2400元生活费。法院根据苏某玲的经济情况以及隋某的生活需求，最终判决双方解除收养关系后，苏某玲每月支付隋某生活费2200元。

找法

《法律援助法》

第三十一条　下列事项的当事人，因经济困难没有委托代理人的，可以向法律援助机构申请法律援助：

（一）依法请求国家赔偿；

（二）请求给予社会保险待遇或者社会救助；

（三）请求发给抚恤金；

（四）请求给付赡养费、抚养费、扶养费；

（五）请求确认劳动关系或者支付劳动报酬；

（六）请求认定公民无民事行为能力或者限制民事行为能力；

（七）请求工伤事故、交通事故、食品药品安全事故、医疗事故人身损害赔偿；

（八）请求环境污染、生态破坏损害赔偿；

（九）法律、法规、规章规定的其他情形。

《民法典》

第一千一百一十八条第一款　收养关系解除后，经养父母抚养的成年养子女，对缺乏劳动能力又缺乏生活来源的养父母，应当给付生活费。因养子女成年后虐待、遗弃养父母而解除收养关系的，养父母可以要求养子女补偿收养期间支出的抚养费。

举一反三

需要注意的是,《法律援助法》第31条用8项条款列举了可以申请法律援助的范围,第九项则属于兜底式规定,与《法律援助条例》相比,又增加了"规章"规定的援助事项。对于老年人这一特殊群体,法律援助通常会更为关注,援助门槛会适当降低。如果老年人不知道自己要解决的法律问题是否能够获得援助,应及时询问当地的法律援助机构。

此外,我国法律允许公民收养子女,收养关系成立后,养子女与养父母之间的权利义务关系适用《民法典》规定的父母子女之间的权利义务关系。换言之,养父母有抚养未成年养子女的义务,成年养子女有赡养年老父母的义务。本案中,虽然隋某"收养"苏某玲时并未办理收养手续,但是因为收养关系发生于1994年之前,而且形成了事实上的收养关系,因此苏某玲应当赡养隋某。根据《民法典》的规定,即使双方解除了收养关系,隋某也有权要求苏某玲偿付之前的抚养费。

九

残疾人法律援助

九、残疾人法律援助

54 残疾人因离婚引发纠纷的，能否申请法律援助？

遇事

吴某红为二级智力残疾，经人介绍与耿某仓促结婚。由于婚前缺乏了解，加之介绍人隐瞒了吴某红的真实情况，导致耿某对吴某红非常不满，经常打骂吴某红及其父母。吴某红非常痛苦，想要与耿某离婚，但每次提及离婚都遭到了耿某的威胁。吴某红因智力有残缺，无法胜任其他工作，仅在居住的小区内担任清洁工，每月工资2000元，物业公司没有为其缴纳社会保险。为了给吴某红治病，在其五岁的时候，其父母就带着她离开农村到城市生活。因二人文化程度低，找不到好的工作，在社区的帮助下，吴父在小区物业做保安，吴母也做了清洁工，收入仅能够满足三人的生活。因耿某的家暴，吴某红与父母东躲西藏，不能保质保量完成工作，经常被物业公司处罚，生活捉襟见肘。吴某红欲提起离婚诉讼，可否获得法律援助？

说法

《法律援助法》第31条并没有明确规定遭遇婚姻纠纷的可以申请法律援助，但该法第32条第4项规定，遭受虐待、遗弃或者家庭暴力的受害人主张相关权益的，可以申请法律援助，且不受经济困难条件的限制。由于残疾人自身的生理缺陷，导致诉讼能力较弱，尤其是智力残缺的残疾人，对事物的判断能力较之其他残疾人更弱，更需要专业人员的法律帮助。实践中，一些地区扩展了残疾人的法律援助范围，将残疾人的婚姻纠纷纳入援助范围。本案中，吴某红为二级智力残疾，在婚姻关系中因受到男方的家庭暴力，而要与之解除婚姻关系，属于法律援助的范围；根据《法律援助法》第32条第4项的规定，吴某红申请法律援助时可以不受经济困难的条件限制。因此，即使其月收入2000元没有满足当地法律援助"经济困难"要求，也可以申请法律援助。

找法

《法律援助法》

第三十一条　下列事项的当事人，因经济困难没有委托代理人的，可以向法律援助机构申请法律援助：

（一）依法请求国家赔偿；

（二）请求给予社会保险待遇或者社会救助；

（三）请求发给抚恤金；

（四）请求给付赡养费、抚养费、扶养费；

（五）请求确认劳动关系或者支付劳动报酬；

（六）请求认定公民无民事行为能力或者限制民事行为能力；

（七）请求工伤事故、交通事故、食品药品安全事故、医疗事故人身损害赔偿；

（八）请求环境污染、生态破坏损害赔偿；

（九）法律、法规、规章规定的其他情形。

第三十二条　有下列情形之一，当事人申请法律援助的，不受经济困难条件的限制：

（一）英雄烈士近亲属为维护英雄烈士的人格权益；

（二）因见义勇为行为主张相关民事权益；

（三）再审改判无罪请求国家赔偿；

（四）遭受虐待、遗弃或者家庭暴力的受害人主张相关权益；

（五）法律、法规、规章规定的其他情形。

第四十二条　法律援助申请人有材料证明属于下列人员之一的，免予核查经济困难状况：

（一）无固定生活来源的未成年人、老年人、残疾人等特定群体；

（二）社会救助、司法救助或者优抚对象；

（三）申请支付劳动报酬或者请求工伤事故人身损害赔偿的进城务工人员；

（四）法律、法规、规章规定的其他人员。

《残疾人保障法》

第九条第四款　禁止对残疾人实施家庭暴力，禁止虐待、遗弃残疾人。

举一反三

需要注意的是，中国残疾人联合会及其地方组织（实践中简称残联），是全国各类残疾人的统一组织，代表残疾人的共同利益，维护残疾人的合法权益，团结教育残疾人，为残疾人服务。残联被称为残疾人的"娘家"，因此，残疾人遇到权益被侵犯的时候，首先可以向残联请求帮助。虽然残联并不负责法律援助事项，但可以为残疾人提供必要的帮助，告知申请法律援助的程序、需要提交的材料等。有些地区的残联与律师事务所合作，专门成立残疾人法律援助工作站，委托律师事务所为残疾人提供法律服务。女性残疾人也可以向妇女联合会请求帮助。

55 残疾人因医疗引发纠纷的，能否申请法律援助？

遇事

小张2018年3月于某医院出生，因出生时窒息，在该院治疗半月有余，出院诊断为新生儿缺氧缺血性脑病、惊厥、呼吸衰竭、肺出血、消化道出血、肺炎、窒息、右锁骨骨折等严重病情。2019年经鉴定，该医院在救治过程中存在医疗过错，该过错与损害结果之间存在因果关系，且为导致损害结果的主要原因。2019年到2021年的三年间，小张的父母奔走于各大医院，但小张的病都没有起色。2022年，经鉴定，小张的颅脑损伤为一级伤残，无法治愈，需要终身护理和照料。小张的母亲为了照顾小张辞去了工作，只有小张父亲在工地上打工的收入维持家庭开支。为了给小张治病花光了家里所有积蓄，并负债五万余元。无奈之下，小张的父母欲申请法律援助向该医院主张医疗损害赔偿。根据本案情况，小张能否获得法律援助？

说法

《法律援助法》第31条第7项明确规定，因医疗事故引发的人身损害赔偿纠纷，当事人在经济困难没有委托代理人的情况下，可以申请法律援助。法律之所以明确规定医疗事故人身损害赔偿属于援助范围，主要是因为医疗事故往往会导致当事人及其家庭陷入心力交瘁、经济困难的境地，需要通过法律援助获得赔偿以支持后续治疗。

根据《民法典》的规定，父母是未成年人的监护人，代理被监护人实施民事法律行为，保护被监护人的人身权利、财产权利以及其他合法权益。《法律援助法》第40条规定，无民事行为能力人或者限制民事行为能力人需要法律援助的，可以由其法定代理人代为提出申请。本案中，小张

九、残疾人法律援助

因医疗事故导致身体残疾，要求赔偿的事项属于法律援助范畴。小张属于无民事行为能力人，其父母可以代为提出法律援助申请以保护其合法权益。小张的父母为了治疗花光了家里的积蓄，而且为了照顾孩子，小张的母亲辞掉了工作，只靠小张的父亲在工地上打工的收入维持家庭生活。家庭经济确实困难，符合《法律援助法》规定的申请条件，应当给予法律援助。

找法

《法律援助法》

第三十一条 下列事项的当事人，因经济困难没有委托代理人的，可以向法律援助机构申请法律援助：

（一）依法请求国家赔偿；

（二）请求给予社会保险待遇或者社会救助；

（三）请求发给抚恤金；

（四）请求给付赡养费、抚养费、扶养费；

（五）请求确认劳动关系或者支付劳动报酬；

（六）请求认定公民无民事行为能力或者限制民事行为能力；

（七）请求工伤事故、交通事故、食品药品安全事故、医疗事故人身损害赔偿；

（八）请求环境污染、生态破坏损害赔偿；

（九）法律、法规、规章规定的其他情形。

第四十条第一款 无民事行为能力人或者限制民事行为能力人需要法律援助的，可以由其法定代理人代为提出申请。法定代理人侵犯无民事行为能力人、限制民事行为能力人合法权益的，其他法定代理人或者近亲属可以代为提出法律援助申请。

《民法典》

第二十七条第一款 父母是未成年子女的监护人。

第三十四条第一款 监护人的职责是代理被监护人实施民事法律行为，保护被监护人的人身权利、财产权利以及其他合法权益等。

举一反三

残疾儿童属于"双重弱势群体"，其权利保护得到了国家、社会和政府的特别关注。对于监护人而言，残疾儿童的医疗、生活照护要比普通儿童的监护人付出更多的时间、精力和财力。虽然法律援助的受理和指派由各级司法行政机关（司法局）负责，但对于妇女、儿童、老人以及残疾人等特殊群体，妇联和残联都有帮助和服务的职责。本案中，小张作为残疾儿童，其权利保护可以获得妇联和残联这两个人民团体的辅助和支持。小张的父母无论是否知道法律援助机构或者了解法律援助程序，都可以向这两个团体反映情况，获得帮助。有些地区的妇联自全国妇联处申请了中央专项彩票公益金法律援助项目，可以直接帮助符合条件的申请人获得法律援助。

九、残疾人法律援助

56 残疾人因劳动权益引发纠纷的，能否申请法律援助？

遇事

王二妹（女，45岁），小时候因小儿麻痹症落下残疾，右腿比左腿短10厘米。2015年1月，她随同村人来到城市务工，经人介绍于2015年4月起在某文化传播公司担任清洁工，因其腿部有残疾，工资比其他人要低，每月工资只有1800元。2020年6月，王二妹因患病需住院治疗，向公司请假半个月，期满后因治疗需要又请假半个月。某文化传播公司于同年7月以自动离职为由解除了与王二妹的劳动关系，并扣发了其六月份工资。王二妹失去了经济来源，生活拮据，无力聘请律师帮助解决与公司的纠纷，欲申请法律援助。根据本案情况，王二妹能否申请法律援助？

说法

残疾人作为一类特殊群体，在劳动权益的维护上更应得到关注。实践中，很多残疾人不仅很难获得工作的机会，即使被聘用，劳动报酬也比正常人的低，这对残疾人是非常不公平的。为了更充分有效地保护劳动者的合法权益，《法律援助法》第31条第5项规定，请求确认劳动关系或支付劳动报酬的当事人，在经济困难又没有委托代理人的情况下，可以申请法律援助。同时，该法第42条又规定，对于申请支付劳动报酬或者请求工伤事故人身损害赔偿的进城务工人员，免予核查经济困难状况。本案中，王二妹因患病请假治疗，公司不仅扣发工资，还解除了劳动合同，由此引发的确认公司非法解除劳动关系以及支付违法扣发的工资的争议，属于《法律援助法》规定的援助范围。根据案情所述，王二妹因被解除劳动关系而失去经济来源，符合法律援助"经济困难"的条件，应该给予法律援助。根据《法律援助法》第42

条，王二妹的情况同时符合该条第1项"无固定生活来源的未成年人、老年人、残疾人等特定群体"和第3项"申请支付劳动报酬或者请求工伤事故人身损害赔偿的进城务工人员"两项规定，因此其只需说明自己的经济困难状况，法律援助机构应免予核查。

找法

《法律援助法》

第三十一条 下列事项的当事人，因经济困难没有委托代理人的，可以向法律援助机构申请法律援助：

（一）依法请求国家赔偿；

（二）请求给予社会保险待遇或者社会救助；

（三）请求发给抚恤金；

（四）请求给付赡养费、抚养费、扶养费；

（五）请求确认劳动关系或者支付劳动报酬；

（六）请求认定公民无民事行为能力或者限制民事行为能力；

（七）请求工伤事故、交通事故、食品药品安全事故、医疗事故人身损害赔偿；

（八）请求环境污染、生态破坏损害赔偿；

（九）法律、法规、规章规定的其他情形。

第四十二条 法律援助申请人有材料证明属于下列人员之一的，免予核查经济困难状况：

（一）无固定生活来源的未成年人、老年人、残疾人等特定群体；

（二）社会救助、司法救助或者优抚对象；

（三）申请支付劳动报酬或者请求工伤事故人身损害赔偿的进城务工人员；

（四）法律、法规、规章规定的其他人员。

九、残疾人法律援助

举一反三

　　需要注意的是，虽然根据《法律援助法》第43条的规定，法律援助机构审查法律援助申请的时间最长为7日，指派法律援助人员为受援人提供法律援助的时间最长为3日。但如果存在《法律援助法》第44条规定情形之一的，即距法定时效或者期限届满不足7日，需要及时提起诉讼或者申请仲裁、行政复议；需要立即申请财产保全、证据保全或者先予执行；法律、法规、规章规定的其他情形，法律援助机构可以决定先行提供法律援助，后由受援人补办有关手续，补充相关材料。因此，申请人发现自己符合上述规定的，一定要及时将有关材料交予法律援助机构，并说明情况，以快速获得法律援助。

57 残疾人申请恢复低保待遇，能否申请法律援助？

遇事

2017年，孙某（男，37岁）因在单位受到同事排挤，领导打压而罹患精神疾病，后被鉴定为精神残疾二级，只能辞掉工作，由父母照顾。孙某父母均为农民，靠种地为生，孙某后申请国家低保。2021年10月，孙某的低保没有发放，孙某的父母非常着急，到相关部门进行询问，被告知孙某名下现登记有一个企业，已经不符合享受低保的条件。孙某的父母按照企业的名称进行查找，才发现是孙某的堂兄孙某林将自己名下的负债累累濒临倒闭的某玩具制作厂的全部股份变更至孙某名下，孙某成为该厂的唯一股东，导致孙某丧失了享受低保待遇资格。恢复低保资格的唯一途径就是撤销其股东身份，但孙某林早已不知去向。孙某父母无相关知识，急需法律援助。根据本案情况，孙某能否获得法律援助？

说法

最低生活保障是国家对家庭人均收入低于当地政府公告的最低生活标准的人口给予一定现金资助，以保证该家庭成员基本生活所需，是一种社会保障制度。因恢复低保待遇而请求法律援助，该事项属于《法律援助法》第31条第2项规定的"请求给予社会保险待遇或者社会救助"事项，属于法律援助的范围。本案中，孙某精神残疾已经过鉴定，属于法律规定的残疾人。孙某因精神残疾无法劳动，仅靠低保生活，其父母经济收入微薄，符合"经济困难"条件，应该给予法律援助。法律援助机构也可以根据《法律援助法》第42条第1项的规定，免予核查孙某的经济困难状况。在孙某无法正常进行民事活动的情况下，其父母作为监护人可以代为申请法律援助。孙某的父母可以向案发地县市司法局申请法律援助，提交身份证明、残疾人证或者相关精神鉴定书以及股权变更合同等相关材料。

找法

《法律援助法》

第三十一条 下列事项的当事人，因经济困难没有委托代理人的，可以向法律援助机构申请法律援助：

（一）依法请求国家赔偿；

（二）请求给予社会保险待遇或者社会救助；

（三）请求发给抚恤金；

（四）请求给付赡养费、抚养费、扶养费；

（五）请求确认劳动关系或者支付劳动报酬；

（六）请求认定公民无民事行为能力或者限制民事行为能力；

（七）请求工伤事故、交通事故、食品药品安全事故、医疗事故人身损害赔偿；

（八）请求环境污染、生态破坏损害赔偿；

（九）法律、法规、规章规定的其他情形。

第四十条第一款 无民事行为能力人或者限制民事行为能力人需要法律援助的，可以由其法定代理人代为提出申请。法定代理人侵犯无民事行为能力人、限制民事行为能力人合法权益的，其他法定代理人或者近亲属可以代为提出法律援助申请。

第四十一条 因经济困难申请法律援助的，申请人应当如实说明经济困难状况。

法律援助机构核查申请人的经济困难状况，可以通过信息共享查询，或者由申请人进行个人诚信承诺。

法律援助机构开展核查工作，有关部门、单位、村民委员会、居民委会和个人应当予以配合。

第四十二条 法律援助申请人有材料证明属于下列人员之一的，免予核查经济困难状况：

（一）无固定生活来源的未成年人、老年人、残疾人等特定群体；

（二）社会救助、司法救助或者优抚对象；

（三）申请支付劳动报酬或者请求工伤事故人身损害赔偿的进城务工人员；

（四）法律、法规、规章规定的其他人员。

举一反三

需要注意的是，为了避免残疾人尤其是精神或者智力残疾人实施或者他人冒用该类残疾人实施不符合其精神、智力状况的民事行为，监护人可以提起确认残疾人为无民事行为能力或者限制民事行为能力人之诉，一旦被确认，其所为的超出其能力范围之外的行为会被认定为无效。根据《法律援助法》第31条第6项的规定，请求认定公民无民事行为能力或者限制民事行为能力，因经济困难，没有委托代理人的，可以申请法律援助。因此，若孙某的父母提起确认孙某为限制民事行为能力人之诉，也可以申请法律援助。

九、残疾人法律援助

58 残疾人因相邻权引发纠纷的，能否申请法律援助？

遇事

谢某1先天失明，婚后生育一子谢某2也先天失明，妻子因交通事故去世后，父子二人相依为命，靠给村里人按摩为生，收入微薄。二人与本村其他农户分离，单独居住在本村东头。2015年，二人利用自己的土地修建了一条通向本村与外界相通的唯一公路的便道用于通行。2020年，沈某经流转取得该村若干亩土地用于生产经营，并受村委会委托集中修建居民点。居民点修建过程中，谢某1、谢某2修建的便道被挖断，致使便道尽头与居民点地平面形成约10米高落差，无法通行，也无法恢复。谢某1、谢某2多次与沈某交涉未果，欲申请法律援助起诉该村民委员会、沈某等人，要求另开通道恢复二人通行，并赔偿相应损失。根据本案情况，谢某1、谢某2能否获得法律援助？

说法

相邻权是指不动产的所有人或使用人在处理相邻关系时所享有的权利。具言之，在相互毗邻的不动产的所有人或者使用人之间，任何一方为了合理行使其所有权或使用权，享有要求其他相邻方提供便利或是接受一定限制的权利。《法律援助法》第31条规定的援助事项主要涉及特定人身权和财产权，相邻权纠纷不属于法律援助范围。但2017年司法部发布了《关于"十三五"加强残疾人公共法律服务的意见》，2018年司法部和中国残疾人联合会联合发布了《关于开展"法援惠民生·关爱残疾人"法律援助品牌建设工作的通知》，扩大了法律援助范围，增加服务供给，为残疾人提供全覆盖法律帮助。因此，从保护残疾人权益的角度，在"应援尽援，应援优援"的原则下，涉及残疾人与他人相邻权纠纷的案件在多地都可以申请法律援助。本案中，谢某1和谢某2修建的通往村内公路的便道对于双目失明的二人来讲具有非常重要的意义，道路被挖断不仅侵犯了二人的通行权，而且严重影响了二人与外界的交流，甚至会给二人的按摩工作带来障碍。影响家庭经济收入，给原本艰难的生活雪上加霜；虽然没有申领残疾证，但二人身患盲疾是客观事实，符合残疾人法律援助的主体条件；此外，二人生活在农村，靠按摩为生，收入微薄，虽然因主客观原因没有申领政府最低生活保障金，但生活确实艰难，符合法律援助"经济困难"条件，应当给予法律援助。

找法

《法律援助法》

第三十一条　下列事项的当事人，因经济困难没有委托代理人的，可以向法律援助机构申请法律援助：

（一）依法请求国家赔偿；

（二）请求给予社会保险待遇或者社会救助；

（三）请求发给抚恤金；

（四）请求给付赡养费、抚养费、扶养费；

（五）请求确认劳动关系或者支付劳动报酬；

（六）请求认定公民无民事行为能力或者限制民事行为能力；

（七）请求工伤事故、交通事故、食品药品安全事故、医疗事故人身损害赔偿；

（八）请求环境污染、生态破坏损害赔偿；

（九）法律、法规、规章规定的其他情形。

第四十二条　法律援助申请人有材料证明属于下列人员之一的，免予核查经济困难状况：

（一）无固定生活来源的未成年人、老年人、残疾人等特定群体；

九、残疾人法律援助

（二）社会救助、司法救助或者优抚对象；

（三）申请支付劳动报酬或者请求工伤事故人身损害赔偿的进城务工人员；

（四）法律、法规、规章规定的其他人员。

《民法典》

第二百八十八条 不动产的相邻权人应当按照有利于生产、方便生活、团结互助、公平合理的原则，正确处理相邻关系。

举一反三

提醒残疾人朋友注意的是，因为残疾人证是认定残疾人及其残疾类别、残疾等级的合法凭证，是残疾人依法享有国家和地方政府优惠政策的重要依据。因此残疾人应当通过住所地的残疾人联合会及时申请残疾人证，以维护自己的合法权益。在申请法律援助时，若残疾人无法亲自申请，其监护人或者其他代理人也可持其残疾人证代为申请。

59 残疾人遭遇继承问题时，如何申请法律援助？

遇事

赵某玲出生即被诊断有智力缺陷，后申领残疾人证，残疾等级二级，家庭拮据，享受农村居民最低生活保障。赵某玲母亲早逝，与父亲赵某林和哥哥赵某华共同生活，赵某华系赵某林养子。1995年，赵某林将赵某华、赵某玲共同居住的房屋翻新重建。1998年，因洪水冲毁部分房屋，赵某华对房屋进行了修缮，增建了厨房、洗澡间各一间。2015年赵某林去世，2018年赵某华、赵某玲共同居住的房屋被列入拆迁范围，赵某华与政府签订《房屋拆迁安置补偿协议》，主体房屋、附属房及简易房、附属物在内的拆迁补偿价款共508920元，赵某华领取并占有。赵某玲对此提出异议，认为其也有继承权。赵某华则认为赵某玲智力残障，没有为家庭作出贡献，不能分得拆迁补偿款。赵某玲欲通过诉讼来解决。根据上述情况，赵某玲能否获得法律援助？

说法

虽然继承纠纷并不属于《法律援助法》第31条规定的法律援助范围，但是在该法生效实施后，部分地区司法行政机关遵循"应援尽援，应援优援"的原则，不断扩大残疾人法律援助覆盖面，放宽申请援助的条件。残疾人的继承问题往往关涉残疾人未来的生活甚至是生存问题，因此根据《司法部关于"十三五"加强残疾人公共法律服务的意见》和《司法部、中国残疾人联合会关于开展"法援惠民生·关爱残疾人"法律援助品牌建设工作的通知》精神，各地在开展品牌建设活动中往往将残疾人的继承纠纷列入法律援助的范围。本案中，赵某玲持有二级残疾证，符合残疾人法律援助的主体条件；家中经济困难，靠政府最低生活保障艰难度日，根据各省、自治区、直辖市的法律援助条件，享受"最低生活保障"均在法律援助"经济困难"条件之列。因此，应当给予赵某玲法律援助。同时，赵某玲属于《法律援助法》第42条第1项规定的"无固定生活来源的未成年人、老年人、残疾人等特定群体"和第2项"社会救助、司法救助或者优抚对象"两项条件，因此，可以免予核查经济困难。

找法

《法律援助法》

第三十一条 下列事项的当事人，因经济困难没有委托代理人的，可以向法律援助机构申请法律援助：

（一）依法请求国家赔偿；

（二）请求给予社会保险待遇或者社会救助；

（三）请求发给抚恤金；

（四）请求给付赡养费、抚养费、扶养费；

（五）请求确认劳动关系或者支付劳动报酬；

（六）请求认定公民无民事行为能力或者限制民事行为能力；

（七）请求工伤事故、交通事故、食品药品安全事故、医疗事故人身损害赔偿；

（八）请求环境污染、生态破坏损害赔偿；

（九）法律、法规、规章规定的其他情形。

第四十二条 法律援助申请人有材料证明属于下列人员之一的，免予核查经济困难状况：

（一）无固定生活来源的未成年人、老年人、残疾人等特定群体；

（二）社会救助、司法救助或者优抚对象；

（三）申请支付劳动报酬或者请求工伤事故人身损害赔偿的进城务工人员；

（四）法律、法规、规章规定的其他人员。

《残疾人保障法》

第六十条 残疾人的合法权益受到侵害的，有权要求有关部门依法处理，或者依法向仲裁机构申请仲裁，或者依法向人民法院提起诉讼。

对有经济困难或者其他原因确需法律援助或者司法救助的残疾人，当地法律援助机构或者人民法院应当给予帮助，依法为其提供法律援助或者司法救助。

举一反三

需要注意的是，应当正确理解《法律援助法》第42条规定的"免予核查经济困难状况"。"免予核查经济困难状况"并非不受经济困难限制，法律援助机构根据申请人提供的证据材料，确认其符合经济困难条件。此外，申请人应当详细说明或者提交证据证明自己的经济状况，符合司法救助条件的，法律援助律师应当帮助申请人申请司法救助。

九、残疾人法律援助

60 残疾人因免费乘车权益引发纠纷的，能否申请法律援助？

遇事

赵某是A市人，因幼年一次交通事故，造成肢体四级残疾。因身体残疾，找不到合适的工作，赵某在家附近开了一家早点铺，维持生活。A市内的残疾人可以免费乘坐市区内的大部分线路的公交车，但是乘坐5字和9字开头的线路和二号快轨不能免费。赵某认为这一政策侵犯了残疾人的合法权益，遂于2020年1月要求A市交通局公开上述公交车和快轨不能给予残疾人免费乘车的依据，A市交通局出具政府信息告知书，说明因5字和9字开头的公交线路为今年刚刚运行，对残疾人的优惠政策正在逐步落实，但快轨二号线属于跨区域运行的线路，涉及A市的两区一县，实行跨区县票价，所以残疾人不能完全免费。但赵某认为，某县属于A市，既然是A市范围内残疾人都可以免费乘车，跨区域运行的快轨二号线也应当包含在内。赵某欲状告A市交通局，想要申请法律援助，不知道自己的情况是否符合援助条件？

说法

《残疾人保障法》第50条规定，国家保障残疾人享有各项社会保障的权利。县级以上人民政府对残疾人搭乘公共交通工具，应当根据实际情况给予便利和优惠。据此，我国很多地区都给予了残疾人免费乘车权。虽然维护免费乘车权益并非《法律援助法》第31条明确规定的援助事项，但是根据《司法部关于"十三五"加强残疾人公共法律服务的意见》，残疾人作为社会弱势群体，在教育、就业、参与社会活动等多方面都有一定的障碍，且维权能力较弱，因此在实践中，各地都适当地放宽了残疾人法律援助的申请条件，逐步扩大法律援助的覆盖面，有些地区甚至直接规定"残疾人涉嫌犯罪或其合法权益受到侵害的，只要因经济困难没有委托代理人或者辩护人的，都可以申请法律援助"。本案中，赵某要求政府信息公开事项和诉讼请求事项事关 A 市所有残疾人的权益，其行为本身就具有公益属性。赵某经营的早点铺虽然享有政府给予残疾人的税收优惠，但因规模较小、资金有限，加上要照顾父母，收入仅仅能够满足家庭的生活需求。因其父母二人收入较低，其家庭经济收入符合当地最低工资标准，属于法律援助法规定的经济困难，应当给予法律援助。

找法

《法律援助法》

第三十一条 下列事项的当事人，因经济困难没有委托代理人的，可以向法律援助机构申请法律援助：

（一）依法请求国家赔偿；

（二）请求给予社会保险待遇或者社会救助；

（三）请求发给抚恤金；

（四）请求给付赡养费、抚养费、扶养费；

（五）请求确认劳动关系或者支付劳动报酬；

（六）请求认定公民无民事行为能力或者限制民事行为能力；

（七）请求工伤事故、交通事故、食品药品安全事故、医疗事故人身损害赔偿；

（八）请求环境污染、生态破坏损害赔偿；

（九）法律、法规、规章规定的其他情形。

《残疾人保障法》

第四十六条 国家保障残疾人享有各项社会保障的权利。

政府和社会采取措施，完善对残疾人的社会保障，保障和改善残疾人的

九、残疾人法律援助

生活。

第五十条第一款 县级以上人民政府对残疾人搭乘公共交通工具，应当根据实际情况给予便利和优惠。残疾人可以免费携带随身必备的辅助器具。

举一反三

应当注意的是，根据《残疾人保障法》第50条的规定，县级以上人民政府应当给予残疾人乘车优惠。该项优惠在实践中却出现了执行上的问题，有些地区以户籍为条件，以地方规范性文件规定只给予有本地户籍的残疾人以优惠待遇，没有本地户籍的外地残疾人没有享受该待遇的资格。从法律效力层级上来看，《残疾人保障法》是上位法，地方规范性文件是下位法，下位法的规定不能与上位法相冲突，有此类规定的下位法显然与《残疾人保障法》的立法精神相悖，侵犯了残疾人的权益。残疾人遇到这种侵犯权益的事件，在符合经济困难条件下，可以申请法律援助以维护合法权益。但各地残疾人法律援助范围存在不同，该类事项是否在争议发生地法律援助范围内，还需要根据当地的规定确定。

61 残疾人因房屋租赁引发纠纷的，能否申请法律援助？

遇事

65岁的魏某系行动不便的残疾人，持有残疾人证。早年间，妻子和女儿在一起事故中双双身亡，魏某一直独自生活，之前在当地的残联帮助下在一个停车场做收费员。魏某于2017年与某公租房公司签订租赁合同，约定由魏某承租一套公租房用于日常生活居住，每6个月交纳一次租金，逾期2个月不交租金的，该公租房公司可以解除租赁合同。由于魏某有停车场收费员工作，几年间一直能够按时交纳房租。2020年魏某因生病身体健康状况不佳，就辞去了收费员工作，申请了政府低保。2022年1月魏某因一次住院治疗未按政策规定按时提交低保申请信息，低保被暂时取消，导致未能按时交纳房租，拖欠6个月租金。该公租房公司按照合同约定起诉请求解除双方之间签订的《房屋租赁合同》，同时要求魏某补缴拖欠的租金并搬离该公租房。魏某接到法院的应诉通知书及出庭传票后非常紧张，无奈之下前往当地法律援助中心，请求法律援助。根据本案情况，魏某能否获得法律援助？

说法

公共租赁住房简称公租房，是指政府提供政策支持，由政府专门机构或企事业单位出资建设和运营，限定建设标准和租金标准，面向符合条件的城镇住房困难家庭、新就业无房职工和外来务工人员等对象出租的公共租赁住房。残疾人在符合条件的情况下，有权享受公租房的优惠待遇。根据《法律援助法》第31条的规定，房屋租赁纠纷并非法律援助的范围。但由于老年人、残疾人等特殊群体是法律援助的重要帮助对象，因此在实践中，很多地区将这类群体因房屋租赁纠纷可能导致生活困难的情况纳入法律援助范围。

九、残疾人法律援助

本案中，魏某确实未能按时交纳房租，违反了合同的约定。但如果按照《房屋租赁合同》，要求魏某腾出房屋，那么魏某就没有居所居住，而且可能短期内难以找到价格优惠的房屋租赁，这样会使得魏某的生活陷入更加艰难的境地，不利于残疾人权益保障。魏某没能按时交纳房租的主要原因是因病没有提交低保的申请信息，导致低保被取消，无力交纳房租，其经济状况符合法律援助经济困难的条件。魏某属于老残一体、鳏寡孤独的特殊主体，其权利保护更应得到关注，在"应援尽援，应援优援"的原则下，应当为魏某提供法律援助，并按照《法律援助法》第42条第1项之规定，免予核查魏某的经济困难状况。

找法

《法律援助法》

第三十一条 下列事项的当事人，因经济困难没有委托代理人的，可以向法律援助机构申请法律援助：

（一）依法请求国家赔偿；

（二）请求给予社会保险待遇或者社会救助；

（三）请求发给抚恤金；

（四）请求给付赡养费、抚养费、扶养费；

（五）请求确认劳动关系或者支付劳动报酬；

（六）请求认定公民无民事行为能力或者限制民事行为能力；

（七）请求工伤事故、交通事故、食品药品安全事故、医疗事故人身损害赔偿；

（八）请求环境污染、生态破坏损害赔偿；

（九）法律、法规、规章规定的其他情形。

第四十二条 法律援助申请人有材料证明属于下列人员之一的，免予核查经济困难状况：

（一）无固定生活来源的未成年人、老年人、残疾人等特定群体；

（二）社会救助、司法救助或者优抚对象；

（三）申请支付劳动报酬或者请求工伤事故人身损害赔偿的进城务工人员；

（四）法律、法规、规章规定的其他人员。

举一反三

需要注意的是，从《法律援助法》第31条的规定来看，追索赡养费、抚养费、请求社会保险待遇、请求人身损害赔偿、请求环境污染损害赔偿等事项，申请人往往处于主动地位，诉讼中多为原告，但并非民事诉讼中的被告没有申请法律援助的资格，只要不属于不予法律援助的情形，在符合条件的情形下，均可以获得法律援助。尤其针对老年人、残疾人等特殊群体，即使成为被告，也应该综合全案情况，应援尽援。

九、残疾人法律援助

> **62** 残疾人因康复器具引发纠纷的,能否申请法律援助?

遇事

2020年崔某开车外出,路过一段积水路面,因处置不当造成单向交通事故,右腿截肢。2022年年初,为了方便生活,崔某在家里人的支持下决定安装假肢。经过多方考察,崔某选中了某康复器具公司,该公司承诺在崔某安装假肢后终生负责指导、保养、维修和调整。1月10日,崔某安装了假肢,但10日后,崔某患肢底部开始溃烂,崔某向该公司反馈,接待崔某的员工认为是适应期的正常现象,磨合一段时间后自然会康复。但过了一个星期,情况却越来越严重,崔某遂到医院进行治疗,花费医疗费5万余元。崔某认为,该公司没有按照承诺及时、正确地给予指导,导致其伤情恶化,应当承担赔偿责任。崔某交通事故后为了治病,几乎花光了家里的所有积蓄;崔某致残后辞职在家,家里的收入锐减,仅靠妻子做公司出纳员的每月4000元的工资生活。崔某安装假肢的费用是崔某父母帮助的,而本次住院治疗的费用大部分是从亲戚朋友处借的。根据本案情况,崔某能否获得法律援助?

说法

残疾人因残疾器具侵权纠纷申请法律援助并非《法律援助法》第31条明确列举的法律援助范围,但从各省、自治区、直辖市制定的《法律援助条例》来看,一些地区直接规定了残疾人因人身损害纠纷,在经济困难没有委托代理人的情况下可以申请法律援助。残疾器具是帮助残疾人增强行动、沟通交流等能力的辅助器具,与残疾人的生活密切相关,因残疾器具不合格或者服务不到位而侵犯残疾人人身权和财产权,会严重影响残疾人的身体康复

213

和社会融入，侵权人应当承担相应的民事责任，因此该事项多被纳入法律援助范围。本案中，某康复器具公司没有履行服务承诺，导致崔某患肢二次损伤，侵犯了崔某的人身权益，造成了崔某家庭因治疗疾病负债累累，生活艰难，应当给予法律援助。

找法

《法律援助法》

第三十一条　下列事项的当事人，因经济困难没有委托代理人的，可以向法律援助机构申请法律援助：

（一）依法请求国家赔偿；

（二）请求给予社会保险待遇或者社会救助；

（三）请求发给抚恤金；

（四）请求给付赡养费、抚养费、扶养费；

（五）请求确认劳动关系或者支付劳动报酬；

（六）请求认定公民无民事行为能力或者限制民事行为能力；

（七）请求工伤事故、交通事故、食品药品安全事故、医疗事故人身损害赔偿；

（八）请求环境污染、生态破坏损害赔偿；

（九）法律、法规、规章规定的其他情形。

第四十二条　法律援助申请人有材料证明属于下列人员之一的，免予核查经济困难状况：

（一）无固定生活来源的未成年人、老年人、残疾人等特定群体；

（二）社会救助、司法救助或者优抚对象；

（三）申请支付劳动报酬或者请求工伤事故人身损害赔偿的进城务工人员；

（四）法律、法规、规章规定的其他人员。

九、残疾人法律援助

举一反三

需要注意的是，根据《法律援助法》第43条的规定，法律援助机构应当自收到法律援助申请之日起7日内进行审查，作出是否给予法律援助的决定。决定给予法律援助的，应当自作出决定之日起3日内指派法律援助人员为受援人提供法律援助。可见，符合条件的受援人会在提出申请之日起10日内获得法律援助。实践中，很多地区对于特定主体（如老年人、残疾人）或者特定事项（如需要尽快解决以维护权益的事项）会开通"绿色通道"，实行优先受理、优先审查、优先指派，有些地区甚至可以做到当日受理、当日审查、当日审批、当日指派。

63 残疾人因人格权引发纠纷的，能否申请法律援助？

遇事

钱某某因小脑发育不全导致口齿不清、身体协调性差，被评定为二级残疾人。2020年5月，钱某某到银行提取自己和父亲二人当月的低保金。但因钱某某忘记父亲的银行卡密码，需要重置密码。工作人员告知其重置密码需到开户行办理，引发钱某某不满，质疑为什么不能在此办理，但因钱某某口齿不清，工作人员听不清楚，多次询问下钱某某更加不满，认为工作人员是故意羞辱。该工作人员不了解钱某某身体残疾情况，见钱某某含含糊糊地喊叫，以为其要图谋不轨，便启动银行报警系统。钱某某听到警铃声后，神色慌张，匆匆忙忙往外跑，但因身体不协调，摔倒两次后才跑出营业厅。钱某某因此事产生了很大的心理负担，很长一段时间都不敢再出门。钱某某认为银行的行为对其造成了人格损害，于是前往法律援助机构寻求帮助。根据本案情况，钱某某能否获得法律援助？

说法

人格权是法律赋予权利主体为维护自己的生存和尊严所必须具备的人身权利，主要包括公民的姓名、肖像权、名誉权、荣誉权等。《残疾人保障法》第3条第2款规定，残疾人的公民权利和人格尊严受法律保护。由于残疾人自身的生理缺陷，心理承受能力较普通人弱，社会应该更加包容，给予更多理解。虽然《法律援助法》第31条并没有明确规定侵犯人格尊严的可以申请法律援助，但保障残疾人的人格尊严，给予他们更多的尊重，才能帮助他们更快地融入社会。因此，很多地区将侵犯残疾人人格权的事项纳入残疾人法律

九、残疾人法律援助

援助范围。本案中，钱某某因身体残疾没有正式工作，没有一技之长也无法自主择业，父子二人依靠低保和亲戚接济度日，符合申请法律援助的条件，应当给予法律援助。根据《法律援助法》第42条第1款的规定，钱某某属于无固定生活来源的残疾人，申请法律援助时，法律援助机构应免予核实其经济状况。

找法

《法律援助法》

第三十一条 下列事项的当事人，因经济困难没有委托代理人的，可以向法律援助机构申请法律援助：

（一）依法请求国家赔偿；

（二）请求给予社会保险待遇或者社会救助；

（三）请求发给抚恤金；

（四）请求给付赡养费、抚养费、扶养费；

（五）请求确认劳动关系或者支付劳动报酬；

（六）请求认定公民无民事行为能力或者限制民事行为能力；

（七）请求工伤事故、交通事故、食品药品安全事故、医疗事故人身损害赔偿；

（八）请求环境污染、生态破坏损害赔偿；

（九）法律、法规、规章规定的其他情形。

第四十二条 法律援助申请人有材料证明属于下列人员之一的，免予核查经济困难状况：

（一）无固定生活来源的未成年人、老年人、残疾人等特定群体；

（二）社会救助、司法救助或者优抚对象；

（三）申请支付劳动报酬或者请求工伤事故人身损害赔偿的进城务工人员；

（四）法律、法规、规章规定的其他人员。

《残疾人保障法》

第三条 残疾人在政治、经济、文化、社会和家庭生活等方面享有同其他公民平等的权利。

残疾人的公民权利和人格尊严受法律保护。

禁止基于残疾的歧视。禁止侮辱、侵害残疾人。禁止通过大众传播媒介或者其他方式贬低损害残疾人人格。

举一反三

需要注意的是，申请人因人格权受到侵害向法律援助机构申请时需要提交能够证明案件事实的基本证据，如对方当事人在何时何地用何种方式侵害了自己的人格权，已在什么范围内造成了不良后果。受援后，可以在援助律师的指导下，组织并提供其他相关证据，作为诉讼证据，如果存在造成了自己的精神损害而治疗和留下后遗症等情况的，应提供与人身赔偿案件相同的证据，如医疗诊断书、医疗费、交通费、护理费等单据以及因误工所致的实际经济损失的证明材料。

此外，还需提醒残疾人朋友注意，国务院印发的《"十四五"残疾人保障和发展规划》明确指出，"十四五"期间将残疾人作为公共法律服务的重点对象，完善公共法律服务平台无障碍功能，依据国家有关规定扩大残疾人法律援助覆盖面，重点提升残疾人法律援助质量。

附录一：各省、自治区、直辖市及新疆生产建设兵团经济困难认定标准

省份	经济困难认定标准
安徽省	按照设区的市最低生活保障标准的两倍确定。(《安徽省法律援助条例》)
北京市	按照国家和本市低收入家庭认定标准执行。(《北京市法律援助条例》)
重庆市	按照申请人户籍地、经常居住地或者受理申请的法律援助机构所在地的城乡居民最低生活保障标准的两倍以内执行。(《重庆市法律援助条例》)
福建省	参照所在地县级人民政府公布的城乡居民最低生活保障标准执行。(《福建省法律援助条例》)
甘肃省	城乡居民最低生活保障标准的2倍。(来源：甘肃省公共法律服务平台，http://gs.12348.gov.cn/#/legalaid，最后访问日期：2023年12月22日。)
广东省	申请法律援助的公民符合下列情形之一，且本人及其共同生活的家庭成员没有价值较大的资产的，应当认定为经济困难：(一)申请人及其共同生活的家庭成员在申请日之前6个月的月人均可支配收入，低于受理申请的法律援助机构所在地地级以上市上一年度城镇居民月人均可支配收入的50%；(二)申请人及其共同生活的家庭成员在申请日之前6个月，因遭遇突发事件、意外伤害、重大疾病或者就读国内全日制中高等学校，导致家庭月人均消费性支出超过家庭月人均可支配收入，且申请人及其共同生活的家庭成员月人均可支配收入低于受理申请的法律援助机构所在地地级以上市上一年度城镇居民月人均可支配收入。(《广东省申请法律援助经济困难公民认定办法》) 地级以上市、县(市、区)可以根据本行政区域的实际情况，制定优于省标准的法律援助经济困难标准。(《广东省法律援助条例》)

续表

省份	经济困难认定标准
广西壮族自治区	申请法律援助的公民有下列情形之一的，属于经济困难：（一）享受城乡居民最低生活保障或者实际生活水平低于当地最低生活保障标准的；（二）社会福利机构中由政府供养的；（三）享受农村五保户待遇的；（四）因残疾、严重疾病、自然灾害造成经济困难的；（五）自治区人民政府规定的其他情形。（《广西壮族自治区法律援助条例》）
贵州省	按照家庭人均月收入低于本省一类地区最低工资标准确定。（《贵州省法律援助条例》）
海南省	按照本省一类地区最低工资标准确定。（《海南省法律援助规定》）
河北省	按公民住所地县级人民政府规定的最低生活保障标准执行。（《河北省法律援助条例》）
河南省	参照法律援助实施地人民政府规定的最低生活保障标准执行。（《河南省法律援助条例》）
黑龙江省	按照低收入家庭的标准执行。（《黑龙江省法律援助经济困难状况诚信承诺制实施意见》）
湖北省	按照受理申请的法律援助机构所在县（市、区）公布的城乡居民最低生活保障标准的1.5倍以内执行。（《湖北省法律援助条例》）
湖南省	各地可参照本市州人民政府确定的城乡居民最低生活保障标准的2倍或低收入家庭标准执行。（《中共湖南省委办公厅、湖南省人民政府办公厅关于完善法律援助制度的实施意见》） 申请法律援助的公民符合下列条件的，应当被认定为经济困难：（一）城镇居民领取最低生活保障金、失业保障金的人员；（二）农村居民领取最低生活保障金、享受"五保户"或"特困户"救济待遇的人员；（三）养老院、孤儿院等社会福利机构由政府供养的人员；（四）没有固定生活来源的残疾人；（五）企业的特困职工；（六）国家规定的优抚、安置人员；（七）接受政府其他救济、救助的人员；（八）因自然灾害等不可抗力造成生活困难的人员；（九）人民法院决定给予司法救助的人员；（十）其他有材料证明确属经济困难的人员。（《湖南省司法厅关于扩大法律援助事项范围和放宽经济困难标准的意见》）

附录一：各省、自治区、直辖市及新疆生产建设兵团经济困难认定标准

续表

省份	经济困难认定标准
吉林省	家庭人均收入未达到住所地或者经常居住地最低工资标准的公民和家庭人均收入未达到住所地或者经常居住地最低工资标准1.5倍的农民工、下岗失业人员、妇女、未成年人、老年人、残疾人、军人军属，申请法律援助且符合本条例规定的受理范围，法律援助机构应当给予法律援助。(《吉林省法律援助条例》)
江苏省	按照当地人民政府规定的最低生活保障标准执行。设区的市人民政府为扩大受援人范围，可以根据本地区的实际情况调整公民获得法律援助的经济困难标准。(《江苏省法律援助条例》)
江西省	低收入标准或最低工资标准。(来源：江西法律服务网，http://jx.12348.gov.cn//views/main.jsp?url=flyz/index.jsp&height=2600，最后访问日期：2023年12月22日。)
辽宁省	符合下列情形之一的，属于经济困难的公民：(一)最低生活保障家庭的成员；(二)特困人员；(三)低收入家庭的成员；(四)在社会福利(救助)机构中由政府供养或者接受社会救助的人员；(五)作为政府扶贫对象并登记在册的农村贫困家庭的成员；(六)法律、法规、规章规定或者县以上人民政府确定的其他经济困难人员。(《辽宁省法律援助条例》)
内蒙古自治区	城镇居民最低工资标准和农村牧区常住居民人均可支配收入以下。(《内蒙古自治区人民政府关于进一步加强法律援助工作的意见》)
宁夏回族自治区	按照自治区城乡居民最低生活保障标准的二倍确定。(《宁夏回族自治区法律援助条例》)
青海省	城镇、农村(牧区)居民按照青海省居民所在地当年最低生活保障标准3倍以内的，均有权申请法律援助。(《青海省关于印发〈调整法律援助经费标准的意见〉的通知》)
山东省	按照接受申请的法律援助机构所在县(市、区)城乡居民上一年度最低生活保障标准的两倍执行。(《山东省法律援助条例》)
山西省	由设区的市人民政府按照不低于当地最低生活保障标准的二倍确定。(山西省法律援助条例)
陕西省	参照所在地县级人民政府公布的城乡居民最低生活保障标准执行。(来源：陕西法律服务网，http://sn.12348.gov.cn/sxflfw/#/hall/legal，最后访问日期：2023年12月22日。)

续表

省份	经济困难认定标准
上海市	经济困难的标准，应当高于本市最低生活保障标准的数额。具体标准，由市人民政府另行规定。(《上海市法律援助若干规定》) 上海市法律援助对象经济困难标准为本市低收入困难家庭经济状况标准，具体按照《上海市低收入困难家庭申请专项救助经济状况认定标准》执行。具体如下：(一)城乡居民家庭月人均可支配收入低于当年度本市发布的低收入困难家庭申请专项救助的收入标准。(目前是家庭人均月收入小于1940元)(二)人均货币财产低于5万元(2人及2人以下家庭上浮10%；18周岁及以下未成年人以及虽然年满18周岁但仍在全日制中等学校就读的人员、60周岁及以上老年人、残疾人上浮20%)。(三)家庭成员名下无生活用机动车辆(残疾人用于功能性补偿代步的机动车辆除外)。(四)家庭成员名下无非居住类房屋(如商铺、办公楼、厂房、酒店式公寓等)。(五)城镇居民家庭人均住房建筑面积低于统计部门公布的上年度本市城镇居民人均住房建筑面积，仅有1套自住房屋的除外。这些住房包括产权住房、实行公有住房租金标准计租的承租住房、宅基地住房等。农村居民家庭除宅基地住房、统一规划的农民新村住房外，家庭成员名下无其他商品住房。(来源：12348上海法网，https://sh.12348.gov.cn/sites/12348/service-help.jsp?active=536922cb14254875af0a9307068ce272，最后访问日期：2023年12月22日。)
四川省	法律援助经济困难标准由省人民政府根据省国民经济和社会发展、法律援助的资源和需求，以及公民支付法律服务费用的能力等因素制定，并逐步扩大范围，保障困难群众的基本权益。市州人民政府可以根据本行政区域实际情况调整公民获得法律援助的经济困难标准，报省人民政府备案。(《四川省法律援助条例》) 申请法律援助的公民有下列情形之一的，应视为符合经济困难标准：(一)城镇居民领取最低生活保障金或者失业保险金；(二)农村居民享受最低生活保障待遇或者领取农村特困户救济的；(三)属于农村"五保"供养对象的；(四)在儿童福利院、社会福利院(救助福利中心)、农村"五保"供养服务机构、优抚医院、光荣院、精神病院、SOS儿童村、特殊教育机构等机构内由政府供养的和在救助管理机构接受救助的；(五)因遭受自然灾害或者其他不可抗力正在接受社会救济的；(六)没有固定生活来源的残疾人或者患有严重疾病的人；(七)法律、法规规定的其他情形。(《四川省法律援助条例》) 2023年8月，四川省司法厅发布了《四川省申请法律援助经济困难公民认定办法(征求意见稿)》。在确定四川省法律援助经济困难认定标准时，请留意此文件是否颁布实施。

附录一：各省、自治区、直辖市及新疆生产建设兵团经济困难认定标准

续表

省份	经济困难认定标准
天津市	低收入家庭标准。（来源：天津市司法局网站，https://sf.tj.gov.cn/XWDT5156/SFXZYW1929/202008/t20200810_3445384.html，最后访问日期：2023年12月22日。）
西藏自治区	对符合下列情况的应当认定为经济困难：一是城乡居民中收入在城乡最低生活保障标准2倍以下的人员；二是作为经济困难的优抚对象的人员；三是社会福利机构中由政府供养的人员；四是农村"五保户"人员；五是重残、智残等无固定生活来源的残疾人；六是因自然灾害或者其他不可抗力造成经济困难，正在接受国家救济的人员；七是其他因经济困难无力支付法律服务费用的人员。（《西藏自治区司法厅关于加强法律援助工作意见》）
新疆生产建设兵团	按照家庭人均收入低于住所地最低生活保障标准的2倍执行。（来源：新疆生产建设兵团网，http://www.xjbt.gov.cn/c/2023-04-23/8276172.shtml，最后访问日期：2023年12月22日。）
新疆维吾尔自治区	申请法律援助的公民符合下列条件之一的，应当认定为经济困难：（一）领取最低生活保障金的；（二）五保户、贫困户以及因自然灾害或者其他原因造成生活困难接受生活救济的；（三）住所地或者经常居住地街道办事处、乡（镇）人民政府证明其家庭生活确实困难的。街道办事处或者乡（镇）人民政府出具的证明，应当载明申请人家庭人口、劳动能力、就业状况、家庭财产、家庭月（年）人均纯收入和来源、生活变故及社区居委会或者村民委员会对其经济困难是否认可等详细情况。（《新疆维吾尔自治区实施〈法律援助条例〉办法》）
云南省	按照接受申请的法律援助机构所在县（市、区）城乡居民上一年度最低生活保障标准的1.5倍执行。申请人遭遇自然灾害、伤亡、疾病等造成临时性经济困难的，由法律援助机构根据实际情况具体认定。（《云南省法律援助条例》）
浙江省	由县级以上人民政府按家庭人均收入不低于当地最低工资标准确定。（《浙江省法律援助条例》）

附录二：法律援助导图[1]

申请法律援助需提交的材料：1. 身份证或者其他有效的身份证明，代理申请人还应当提交有代理权的证明。2. 如实说明经济困难状况，进行个人承诺。部分地方要求提供经济困难证明，或免予核查经济困难状况的材料。3. 法律援助申请表。4. 与所申请法律援助事项有关的案件材料

电话/网络咨询 → 法律援助人员解答 → 引导当事人申请法律援助

当事人/代理人申请 → 向当地县级以上人民政府司法行政部门设立的法律援助机构申请，法律有特殊规定的除外 → 受理 → 审查（7日内）→ 审批

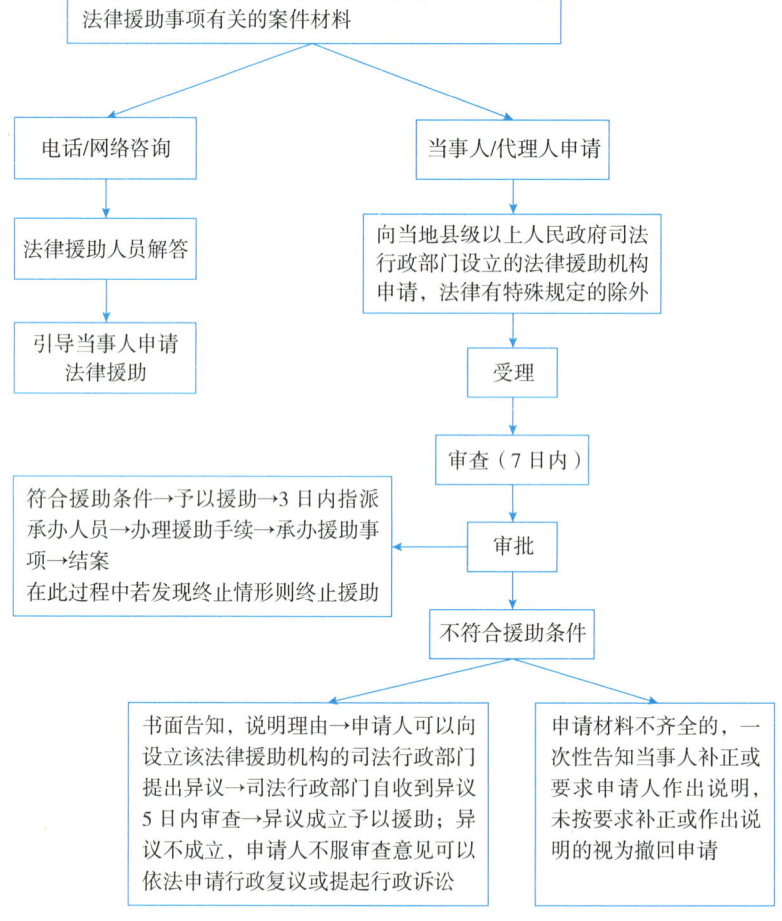

符合援助条件→予以援助→3日内指派承办人员→办理援助手续→承办援助事项→结案
在此过程中若发现终止情形则终止援助

不符合援助条件：

书面告知，说明理由→申请人可以向设立该法律援助机构的司法行政部门提出异议→司法行政部门自收到异议5日内审查→异议成立予以援助；异议不成立，申请人不服审查意见可以依法申请行政复议或提起行政诉讼

申请材料不齐全的，一次性告知当事人补正或要求申请人作出说明，未按要求补正或作出说明的视为撤回申请

图1 法律援助申请及批准

---

[1] 导图由编者制作，仅供参考。

附录二：法律援助导图

法律援助

范围

下列事项的当事人，因经济困难没有委托代理人的，可以向法律援助机构申请法律援助：（一）依法请求国家赔偿；（二）请求给予社会保险待遇或者社会救助；（三）请求发给抚恤金；（四）请求给付赡养费、抚养费、扶养费；（五）请求确认劳动关系或者支付劳动报酬；（六）请求认定公民无民事行为能力或者限制民事行为能力；（七）请求工伤事故、交通事故、食品药品安全事故、医疗事故人身损害赔偿；（八）请求环境污染、生态破坏损害赔偿；（九）法律、法规、规章规定的其他情形。

有下列情形之一，当事人申请法律援助的，不受经济困难条件的限制：（一）英雄烈士近亲属为维护英雄烈士的人格权益；（二）因见义勇为行为主张相关民事权益；（三）再审改判无罪请求国家赔偿；（四）遭受虐待、遗弃或者家庭暴力的受害人主张相关权益；（五）法律、法规、规章规定的其他情形。

刑事案件的犯罪嫌疑人、被告人因经济困难或者其他原因没有委托辩护人的，本人及其近亲属可以向法律援助机构申请法律援助。

刑事案件的犯罪嫌疑人、被告人属于下列人员之一，没有委托辩护人的，人民法院、人民检察院、公安机关应当通知法律援助机构指派律师担任辩护人：（一）未成年人；（二）视力、听力、言语残疾人；（三）不能完全辨认自己行为的成年人；（四）可能被判处无期徒刑、死刑的人；（五）申请法律援助的死刑复核案件被告人；（六）缺席审判案件的被告人；（七）法律法规规定的其他人员。

其他适用普通程序审理的刑事案件，被告人没有委托辩护人的，人民法院可以通知法律援助机构指派律师担任辩护人。

强制医疗案件的被申请人或者被告人没有委托诉讼代理人的，人民法院应当通知法律援助机构指派律师为其提供法律援助。

刑事公诉案件的被害人及其法定代理人或者近亲属，刑事自诉案件的自诉人及其法定代理人，刑事附带民事诉讼案件的原告人及其法定代理人，因经济困难没有委托诉讼代理人的，可以向法律援助机构申请法律援助。

机构

一般向县级以上人民政府司法行政部门设立的法律援助机构申请法律援助。

特殊规定：（一）请求国家赔偿的，向赔偿义务机关所在地的法律援助机构提出申请；（二）请求给予社会保险待遇、最低生活保障待遇或者请求发给抚恤金、救济金的，向提供社会保险待遇、最低生活保障待遇或者发给抚恤金、救济金的义务机关所在地的法律援助机构提出申请；（三）请求给付赡养费、抚养费、扶养费的，向给付赡养费、抚养费、扶养费的义务人住所地的法律援助机构提出申请；（四）请求支付劳动报酬的，向支付劳动报酬的义务人住所地的法律援助机构提出申请；（五）主张因见义勇为行为产生的民事权益的，向被请求人住所地的法律援助机构提出申请。

图2 法律援助范围和机构

法律援助

形式
法律援助机构可以组织法律援助人员依法提供下列形式的法律援助服务：（一）法律咨询；（二）代拟法律文书；（三）刑事辩护与代理；（四）民事案件、行政案件、国家赔偿案件的诉讼代理及非诉讼代理；（五）值班律师法律帮助；（六）劳动争议调解与仲裁代理；（七）法律、法规、规章规定的其他形式。

程序
对诉讼事项的法律援助，由申请人向办案机关所在地的法律援助机构提出申请；对非诉讼事项的法律援助，由申请人向争议处理机关所在地或者事由发生地的法律援助机构提出申请。

无民事行为能力人或者限制民事行为能力人需要法律援助的，可以由其法定代理人代为提出申请。法定代理人侵犯无民事行为能力人、限制民事行为能力人合法权益的，其他法定代理人或者近亲属可以代为提出法律援助申请。被羁押的犯罪嫌疑人、被告人、服刑人员，以及强制隔离戒毒人员，可以由其法定代理人或者近亲属代为提出法律援助申请。

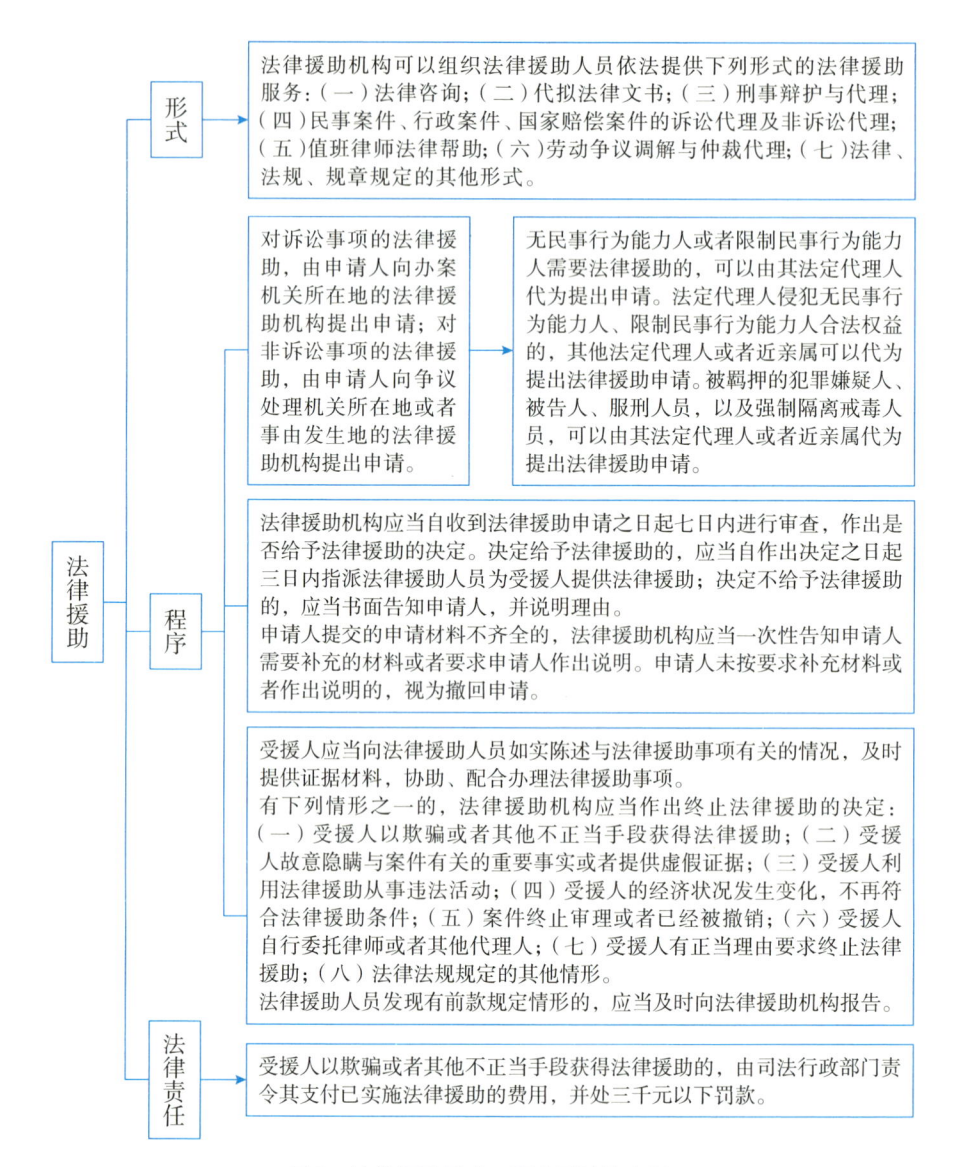

法律援助机构应当自收到法律援助申请之日起七日内进行审查，作出是否给予法律援助的决定。决定给予法律援助的，应当自作出决定之日起三日内指派法律援助人员为受援人提供法律援助；决定不给予法律援助的，应当书面告知申请人，并说明理由。

申请人提交的申请材料不齐全的，法律援助机构应当一次性告知申请人需要补充的材料或者要求申请人作出说明。申请人未按要求补充材料或者作出说明的，视为撤回申请。

受援人应当向法律援助人员如实陈述与法律援助事项有关的情况，及时提供证据材料，协助、配合办理法律援助事项。
有下列情形之一的，法律援助机构应当作出终止法律援助的决定：（一）受援人以欺骗或者其他不正当手段获得法律援助；（二）受援人故意隐瞒与案件有关的重要事实或者提供虚假证据；（三）受援人利用法律援助从事违法活动；（四）受援人的经济状况发生变化，不再符合法律援助条件；（五）案件终止审理或者已经被撤销；（六）受援人自行委托律师或者其他代理人；（七）受援人有正当理由要求终止法律援助；（八）法律法规规定的其他情形。
法律援助人员发现有前款规定情形的，应当及时向法律援助机构报告。

法律责任
受援人以欺骗或者其他不正当手段获得法律援助的，由司法行政部门责令其支付已实施法律援助的费用，并处三千元以下罚款。

图3　法律援助形式、程序及法律责任

图书在版编目(CIP)数据

公民法律援助一站式法律指引/陈彦艳，房树映，张雅棋编著.—北京：中国法制出版社，2023.12
（遇事找法/张润主编）
ISBN 978-7-5216-3704-5

Ⅰ.①公… Ⅱ.①陈…②房…③张… Ⅲ.①法律—基本知识—中国 Ⅳ.①D920.4

中国国家版本馆CIP数据核字（2023）第247548号

策划编辑：潘环环
责任编辑：刘海龙　　　　　　　　　　　　　　封面设计：周黎明

公民法律援助一站式法律指引
GONGMIN FALÜ YUANZHU YIZHANSHI FALÜ ZHIYIN

主编/张　润
编著/陈彦艳　房树映　张雅棋
经销/新华书店
印刷/河北华商印刷有限公司
开本/710毫米×1000毫米　16开　　　印张/14.75　字数/218千
版次/2023年12月第1版　　　　　　　2023年12月第1次印刷

中国法制出版社出版
书号ISBN 978-7-5216-3704-5　　　　　　　　　　　　定价：49.00元

北京市西城区西便门西里甲16号西便门办公区
邮政编码：100053　　　　　　　　　　　　　　传真：010-63141600
网址：http://www.zgfzs.com　　　　　　　　编辑部电话：010-63141814
市场营销部电话：010-63141612　　　　　　　印务部电话：010-63141606
（如有印装质量问题，请与本社印务部联系。）